via reise verlag
NACHHALTIG REISEN

Julia Brodauf

# MUSEEN IN BERLIN

## Museumsinsel und Humboldt Forum



## Kunst und Kultur



## Geschichte

## Natur und Technik



## Heimat- und Regionalmuseen



## Besondere Museen



## Kinder- und Jugendmuseen

# Vorwort

***„Ivan der Schreckliche, Napoleon Bonaparte und der junge Al Capone. (…) Wirklich: Es ist ganz supi, sie alle kennenzulernen."***
(Pharao Kahmunrah im Film „Nachts im Museum 2")

Museen in Berlin – so vielfältig wie die Stadt, die Menschen, die hier leben und die Themen, die sie bewegen.

Viele Museen kannte ich schon aus früheren Recherchen oder aus persönlichem Interesse, andere habe ich für dieses Buch kennengelernt. Überall habe ich Faszinierendes und Interessantes gesehen und erlebt und bin mit klugen und engagierten Menschen ins Gespräch gekommen, die die Sammlungen betreuen oder aufgebaut haben. Wenn ich die Summe der Objekte überschlage, die neben den sichtbaren Exponaten in den Depots und Archiven der Stadt lagern, so komme ich auf ein Gebirge aus Abermillionen Dokumenten, Kunstwerken und Objekten. Darunter winzige: Insekten, Splitter, Samenkörner – oder riesige: komplette Einrichtungen, Lokomotiven, antike Bauwerke.

Öffnen wir also 115 Türen, um diesem immensen Berliner Fundus näher zu kommen. Manche davon sind Portale zu großartigen Gebäuden, dahinter verbergen sich staatliche Sammlungen oder die wissenschaftlicher Instituti-

Im Dialog mit der Kunst, hier in der Berlinischen Galerie

onen. Hier ist oft schon das Durchwandern der Räumlichkeiten ein ästhetisches Erlebnis. Andere Türen führen zu Hinterhöfen, Obergeschossen oder Ladenlokalen. Zu den Museumsbetreibern gehören Vereine oder Privatpersonen, sie präsentieren oft Lebenswerke, die denselben Respekt verdienen wie ihre monumentalen Verwandten.

Ein relativ neuer Ausstellungsbestandteil, an vielen Orten zu finden, ist die Kommunikation. Dies liegt an den vielen Möglichkeiten, die die virtuelle und digitale Welt den Museen nun bietet, um nicht nur unbelebte Gegenstände zu präsentieren, sondern auch eine bewegte Hintergrundgeschichte oder die Möglichkeit zur Interaktion. Und die Kommunikation selbst wird zum Ausstellungsstück, wo neu bewertet wird: Die Aufarbeitung des kolonialen Blicks, der einigen historischen Sammlungen eingeschrieben ist, wird mitgezeigt.

In jeder Größenordnung gibt es Türen, die man eigentlich nicht öffnen möchte – weil der Besuch dessen, was dahinter liegt, keinen Spaß macht. Weil es da um Tod und Schrecken geht, um Krieg, Verfolgung und menschliche Abgründe. Berlin als historischer Ort politischer Entscheidungen, Tatort großer Kriege, Standort von Arbeitslagern, Gefängnissen und nicht zuletzt der Berliner Mauer verfügt neben klassischen Museen auch über viele Gedenkstätten und Dokumentationszentren, an denen besonders diesen historischen Aspekten Rechnung getragen wird. Doch gerade das sind Orte, die man gesehen haben muss, um aufmerksam zu bleiben für die Fragen der Menschlichkeit in der politischen Gegenwart. Man kann an solchen Orten an den Menschen und Systemen verzweifeln. Es bleibt die Bewunderung für diejenigen, die diese Ereignisse dokumentiert und analysiert haben, damit die Geschichte erinnerbar bleibt.

Und dann wächst auf der Tour durch die Berliner Museen auch große Hoffnung aus den wunderbaren Dingen, die von Menschen erschaffen, erfunden, gefunden, beobachtet und zusammengetragen wurden: Die großartigen Kunstwerke, altertümlich bis hochmodern, von denen Berlin einen immensen Schatz besitzt. Politische Errungenschaften und technische Erfindungen, Handwerk, Kunsthandwerk, Forschungseifer, Engagement – hinter vielen Berliner Türen findet sich auch genau dieses. Machen Sie sie auf!

Mit herzlichem Dank für die Zusammenarbeit an das Team des via reise verlags.

Als Künstlerin hat **Julia Brodauf** ein Faible für die Kunsttempel der Hauptstadt, als Autorin für die Ausstellungsorte zur Zeit- und Stadtgeschichte. Für unser Buch ließ sie sich von noch manch anderem Museumsthema begeistern.

# Spartipps

## Die Staatlichen Museen zu Berlin

Jahreskarte mit freiem Eintritt zu allen 20 dazugehörigen Museen ab 25 €. Bereichskarten sind für die Museumsinsel (19/ermäßigt 9,50 €) und das Kulturforum (18/9 €) erhältlich. Teilweise Zeitfenstertickets.
Kinder und Jugendliche bis 18 Jahre haben freien Eintritt.
www.smb.museum

## Museumssonntag

Fast alle Berliner Museen laden an jedem ersten Sonntag im Monat zum kostenlosen Besuch ein und bieten ein vielfältiges Programm. Teilweise Buchung von Zeitfenstertickets notwendig.
www.museumssonntag.berlin/de

## 3-Tage Museumspass Berlin

Über 30 Museen, darunter alle Häuser der Staatlichen Museen zu Berlin, können an 3 Tagen für 29/14,50 € besucht werden (Dauerausstellungen und ausgewählte Sonderausstellungen). Teilweise Buchung von Zeitfenstertickets notwendig. Erhältlich in den beteiligten Museen, den Berlin Tourist Infos und online.
www.shop.visitberlin.de

## Welcome Card

Freie Fahrt an 2 bis 6 Tagen mit den öffentlichen Verkehrsmitteln und Rabatt von bis zu 50 % für rund 180 Sehenswürdigkeiten und Museen. Ab 25 €. Als „rundum-sorglos"-Version inklusive freiem Eintritt bei 30 Sehenswürdigkeiten ab 79 €.
www.berlin-welcomecard.de

## Welcome Card Museumsinsel

72 Stunden freie Fahrt mit Bus und Bahn, die üblichen Rabatte plus freien Eintritt in die Museen der Museumsinsel. Erhältlich ab 53 €.
Alle Welcome-Card-Angebote sind online, telefonisch über das Berlin Service Center (030 25 00 25) oder an einer der zahlreichen Verkaufsstellen erhältlich – darunter die Berlin Tourist Infos und BVG- und S-Bahn-Verkaufsstellen.
www.berlin-welcomecard.de

# Gut zu wissen

## Barrierefreiheit

Viele Museen in Berlin sind auf Besucherinnen und Besucher eingestellt, die einen barrierefreien Zugang benötigen. Damit auch sehbehinderte, blinde, höreingeschränkte und gehörlose Menschen den Museumsbesuch genießen können, bieten immer mehr Museen außerdem spezielle Führungen, Tastobjekte und Orientierungshilfen.
www.berlin.de/museum/barrierefrei

## Internationaler Museumstag

Jeweils im Mai bieten viele der Berliner Museen zum Internationalen Museumstag besondere Aktionen oder freien Eintritt an.
www.museumstag.de

## Lange Nacht der Museen

Findet alljährlich im August statt. Rund 70 Berliner Museen öffnen von 18–2 Uhr ihre Türen und bieten ein besonderes Programm. Lange-Nacht-Tickets sind für 18/12 € online, an den Berlin Tourist Infos, den BVG- und S-Bahn-Verkaufsstellen, in allen teilnehmenden Museen und an der Abendkasse erhältlich und gelten auch für die Shuttle-Busse.
www.lange-nacht-der-museen.de

Lange Nacht der Museen: Das Jugendmuseum in Schöneberg erstrahlt in festlichem Pink

# Museumsinsel und Humboldt Forum

# James-Simon-Galerie 1

## Eingangstor zur Museumsinsel

Die Museumsinsel im Herzen Berlins ist für Reisende und Einheimische so etwas wie das historische Zentrum der Stadt. Die Anlage aus Kaiserzeiten hat in den letzten Jahrzehnten ein gewaltiges Makeover bekommen: Architekturgrößen wurden beauftragt, den alten Gebäuden eine moderne Fassung zu geben. Auch im Inneren ist man dabei, den kolonial geprägten Blick der Sammlungen durch eine sensible Museumsarbeit zu ersetzen.

Die James-Simon-Galerie wurde von David Chipperfield mit großer Freitreppe und Kolonnaden als Besucherzentrum und zentrales Eingangsgebäude für die Museumsinsel entworfen. Sie liegt zwischen Kupfergraben und Neuem Museum und bietet auch selbst regelmäßig Platz für Sonderausstellungen.

**Cu29**
Elegantes Restaurant-Café mit spektakulärem Ausblick · Di–So 10–18 Uhr

**James-Simon-Galerie**
Bodestr. · Mitte · Tel. (0 30) 2 66 42 42 42 · www.smb.museum ·Di–So 10–18, Do bis 20 Uhr · barrierefrei · U Museumsinsel

Das neue Entree der Museumsinsel. Architektonisch knüpft die James-Simon-Galerie an die Stüler'schen Kolonnaden vor der Alten Nationalgalerie an

# 2 Altes Museum

## Schmuckkasten der Museumsinsel

Die „Schatzkiste Berlins“ entstand Anfang des 19. Jahrhunderts. Friedrich Wilhelm III. ließ sie von Karl Friedrich Schinkel im Stil der Akropolis entwerfen. Das Alte Museum als ideeller Hort der Kunst wurde dabei bewusst zwischen Klerus (Dom) und Zeughaus (Militär) sowie direkt gegenüber dem königlichen Schloss platziert.

Im Alten Museum trifft der ganz große Auftritt der Bildungskultur auf den konzentrierten Blick für das ganz kleine historische Detail. Das Gebäude thront breit auf einem Sockel über dem Lustgarten. Besonders markant ist seine mächtige Säulenreihe aus 18 ionischen Säulen. Die breite Freitreppe wird von wuchtigen Skulpturen flankiert. Davor befindet sich eine riesige Granitschale mit fast sieben Metern Durchmesser, aus einem brandenburgischen Findling gefertigt. Sie entstand auf Wunsch Friedrich Wilhelms III. und ist bis heute die größte aus einem Stück gefertigte Schale der Welt – allerdings war sie für

Der Lustgarten bildet einen amosphärischen Auftakt zum Besuch des Alten Museums

Schinkels Museum schlichtweg zu groß und musste daher draußen Platz finden.

Im Inneren des Museums prunkt eine 23 Meter hohe, mit antiken Skulpturen geschmückte Rotunde – ein Raum innerer Sammlung und ausdrücklicher Rückgriff auf das römische Pantheon. Innere Sammlung ist tatsächlich notwendig, um sich auf die Kostbarkeiten der im Museum ausgestellten Berliner Antikensammlung zu konzentrieren. Kurz: Griechenland im Erdgeschoss, Römer und Etrusker eine Treppe höher. Zwar sind die Prunkstücke der Sammlung, die „Berliner Göttin", der „Betende Knabe" oder die „Thronende Göttin aus Tarent", durchaus große Skulpturen. Doch für den wahren Genuss am Gold- und Silberschmuck, der in einer Schatzkammer ausgestellt wird, sowie an den antiken Münzen aus dem Bestand des Münzkabinetts benötigt man einen Blick fürs Detail.

**Café im Altem Museum**
Gemütliches Café hinter der Rotunde · Di–So 10–18 Uhr

**Altes Museum**
Am Lustgarten · Mitte · Tel. (0 30) 2 66 42 42 42 · www.smb.museum · Di–So 10–18 Uhr · barrierefrei · U Museumsinsel

# 3 Alte Nationalgalerie

## Aufbruch der Moderne

Der Name trügt: Weder ist das Gebäude so betagt, wie es auf den ersten Blick aussieht, noch ist die darin gezeigte Kunst im eigentlichen Sinne „alt". Das Museum ist das Zuhause der Kunst des 19. Jahrhunderts in Berlin und repräsentiert künstlerisch den Aufbruch in die Moderne.

Die heutige Alte Nationalgalerie wurde ursprünglich erbaut und 1876 eröffnet, um Schenkungen damals zeitgenössischer Kunst Raum zu geben und den Aufbau einer modernen Sammlung zu ermöglichen. Folgerichtig beherbergt sie heute den Teil der Sammlung der Nationalgalerie, der sich dem 19. Jahrhundert widmet.

Es ist ein beeindruckender Reigen von Schlüsselwerken der Malereigeschichte, der sich in den Hallen des Museums darbietet. Meisterwerke von Adolph Menzel, Caspar David Friedrich, Karl Friedrich Schinkel, Arnold Böcklin oder Max Liebermann belegen den Übergang von Klassizismus und Romantik über Biedermeier bis zur beginnenden Moderne und zum Impressionismus. Folgerichtig sind auch Werke von Claude Monet oder Paul Cezanne hier zu sehen.

Die Alte Nationalgalerie war das dritte Museum, das im 19. Jahrhundert auf der Museumsinsel eröffnet wurde. Auch wenn sein Bau erst nach dem Tod Friedrich Wilhelms IV. in Angriff genommen wurde, basiert das Gebäude auf einem seiner Entwürfe. Dach und Säulenkolonnaden sind römischen Tempelbauten nachempfunden. Dazu thront das Gebäude auf einem hohen, über eine große Freitreppe zu erklimmenden Sockel über den benachbarten Bauten.

Der Tempel-Anmutung fügte der Architekt des Königs, Friedrich August Stüler, architektonische Elemente aus dem Kirchen- sowie aus dem Schlossbau hinzu. So sollte das Gebäude die Trinität Religion – Herrschaft – Kultur symbolisieren. Gleichzeitig war das Museum mit einem gläsernen Dach und einer innen liegenden Stahlkonstruktion zum Zeitpunkt seiner Eröffnung 1876 auf dem allerneuesten Stand in Sachen baulicher Möglichkeiten. Der baukunstsinnige Friedrich Wilhelm IV. ist stets als monumentales Reiterdenkmal auf der Freitreppe zugegen.

**Alte Nationalgalerie**
Bodestr. 1–3 · Mitte · Tel. (0 30) 2 66 42 42 42 · www.smb.museum · Di–So 10–18 Uhr · bedingt rollstuhlgeeignet · U Museumsinsel / S Hackescher Markt

Auch im Schatten erhabener Kunst lässt sich ganz ungezwungen Pause machen

# 4 Neues Museum

## Besuch bei Nofretete

Beim Besuch des Neuen Museums führt man sich Exponate aus gleich drei bedeutenden Berliner Sammlungen vor Augen: Das Ägyptische Museum mit der Papyrussammlung, das Museum für Vor- und Frühgeschichte sowie Teile der Antikensammlung bilden eine bezugsreiche Gesamtpräsentation. So durchwandert man die Entwicklung der frühzeitlichen Kulturen auf dem europäischen Kontinent, dem Vorderen Orient und Nordafrika.

Das Museum wurde nach Plänen Friedrich August Stülers errichtet und im Zweiten Weltkrieg stark beschädigt. Erst seit 2009 ist es wieder geöffnet. Zuvor wurde es vom Büro des Architekten David Chipperfield rerestauriert, dem eine eindrucksvolle Kombination aus erhaltenen Spuren des ursprünglichen Dekors und modernen Elementen gelang.

In einer prunkvollen Rotunde im ersten Stock steht die wohl berühmteste Skulptur Berlins: die Büste der Königin Nofretete, Gattin des Echnaton. Sie stammt aus der Armana-Zeit, etwa 1400 v. Chr. Um die Büste ranken sich jede Menge Mythen, Provenienz- und Echtheitsdebatten. Gefunden und nach Deutschland gebracht wurde sie um 1912 vom Ägyptologen Ludwig Borchardt, der schlicht anmerkte: „Beschreiben nützt nichts – ansehen!“

Zu bestaunen gibt es außerdem viele weitere ägyptische Statuen aus unterschiedlichsten Dynastien, farbenfrohe Reliefs und filigrane Objekte der Kleinkunst sowie tonnenschwere Steinsarkophage und Teile ägyptischer Architektur. Und die Papyrussammlung: Verträge, Quittungen, Erlasse aber auch Trinklieder geben einen Einblick in einen lang vergangenen Alltag.

Noch weiter in die Vergangenheit führt die Präsentation der Kulturen seit der Altsteinzeit. Der Schädel des Neandertalers von Le Moustier, Heinrich Schliemanns Sammlung trojanischer Altertümer und der „Berliner Goldhut“ aus der Bronzezeit gehören dazu.

Die Dauerausstellung „Steinzeit – Bronzezeit – Eisenzeit“ führt chronologisch durch die Vor- und Frühgeschichte, ein animierter Film macht die Entwicklung der Siedlungsgeschichte anschaulich. Ergänzend sind Kunstwerke aus den Provinzen des Römischen Reichs und Werke der Zypernsammlung zu sehen.

**Neues Museum**
Bodestr. 1–3 · Mitte · Tel. (0 30) 2 66 42 42 42 · www.smb.museum · Di–So 10–18, Do bis 20 Uhr · barrierefrei · U Museumsinsel

Exzellente Exponate treffen auf exzellente Architektur: Der historische Bau des Neuen Museums – lange eine Ruine – wurde behutsam auf die Höhe der Zeit gebracht

# 5 Pergamonmuseum

## Meisterwerke aus antiken Metropolen

Im Zentrum des Museums steht er – normalerweise: der Pergamonaltar. Der 36 Meter breite und 34 Meter tiefe begehbare Altar aus Marmor kam im 19. Jahrhundert nach Berlin. Für ihn wurde eigens das damals jüngste Gebäude der Museumsinsel gebaut und im Jahr 1930 vollendet.

Der Altar wurde im 2. Jahrhundert v. Chr. geschaffen und stammt aus dem Gebiet der heutigen Türkei – damals griechisches Territorium. Ein beeindruckender hellenistischer Relieffries zeigt außen den Kampf der Giganten gegen die Götter der griechischen Mythologie, innen den Telephos-Mythos.

Der für das momumentale Kunstwerk maßgeschneiderte Saal ist jedoch derzeit leider nicht zugänglich: Die Räumlichkeiten und der Altar werden instandgesetzt und restauriert. Die Bauarbeiten ziehen sich in die Länge und werden nach derzeitigem Stand erst 2025 beendet sein. Zum Trost wurde eine 360°-Installation des Künstlers Yadegar Asisi errichtet. Das Panorama der antiken Metropole gibt den Besucherinnen und Besuchern einen Ausblick auf das Leben, so wie es sich vermutlich zur Zeit der Erbauung des Altars abspielte.

Der Pergamonaltar ist Herzstück der Berliner Antikensammlung, die sich noch auf weitere Häuser verteilt. Ebenfalls hier zu bewundern ist das Markttor von Milet, es stammt aus der heutigen Türkei und wurde vielleicht für den Empfang Kaiser Hadrians errichtet. Daneben werden thematisch verwandte Sammlungen gezeigt. Allein 270 000 Zeugnisse der Kulturgeschichte Mesopotamiens, Syriens und Anatoliens präsentiert das Vorderasiatische Museum. Am eindrucksvollsten ist auch in dieser Abteilung die ausgestellte Architektur: Zu sehen sind Rekonstruktionen des leuchtend blauen Ischtar-Tores und der Prozessionsstraße von Babylon aus der Zeit Nebukadnezars II. (6. Jahrhundert v. Chr.).

Mehr Fassaden, ein weiteres Museum: Die reich verzierten Mauern des Kalifenschlosses Mschatta (Jordanien, um 740 n. Chr.) und das berühmte Aleppo-Zimmer mit seiner farbenprächtig bemalten Wandtäfelung sind die Prunkstücke des Museums für Islamische Kunst unter demselben Dach. Hier werden außerdem angewandte Kunst und archäologische Zeugnisse muslimischer Völker vom 8. bis zum 19. Jahrhundert gezeigt.

**Pergamonmuseum, Museum für Islamische Kunst und Vorderasiatisches Museum**
Bodestr. 1–3 · Mitte · Tel. (0 30) 2 66 42 42 42 · www.smb.museum ·
Di–So 10–18, Do bis 20 Uhr · Pergamon-Saal bis voraussichtlich 2025 geschlossen ·
Eingang über die James-Simon-Galerie · eingeschränkt barrierefrei · U Museumsinsel

Phantastische Tierwesen: Seit 1930 wird die Rekonstruktion des Ischtar-Tors – eines der Stadttore des antiken Babylon – im Pergamonmuseum gezeigt

6

# Bode-Museum

## Wenn Engel tanzen

Wie ein Wasserschloss ragt das Bode-Museum neobarock in die Spree und bildet damit den krönenden Abschluss der Museumsinsel nach Norden. Auch im Inneren bietet es erhabene Panoramen: In weitläufigen Saalfluchten sind die Exponate der Skulpturensammlung, des Museums für Byzantinische Kunst und Werke aus dem Bestand der Gemäldegalerie leichtfüßig arrangiert. So kommen die Schöpfungen alter Meister in all ihren sehenswerten Details zur Geltung. Ergänzt wird der kunsthistorische Rundblick durch eine Präsentation des Münzkabinetts.

In der Dauerausstellung beginnt alles im Altertum, mit spätantiken und byzantinischen Kunstwerken und Alltagsgegenständen aus dem gesamten Mittelmeerraum. Sarkophage, Skulpturen, Mosaike und Elfenbeinarbeiten stammen unter anderem aus Westrom, dem Oströmischen Reich und Ägypten.

Einen gedachten Sprung weiter finden sich Marienbildnisse und religiöse Darstellungen. Vom frühen Mittelalter bis ins späte 18. Jahrhundert reicht das Spektrum der Skulpturensammlung – nicht nur eine der größten weltweit, sondern auch eine großartige! Davon zeugen zum Beispiel Werke von Pisano, Donatello, Tilman Riemenschneider, Giovanni Lorenzo Bernini und Andreas Schlüter. Architektonische Details wie Kamine, Altäre der Renaissance oder ein Spiegelkabinett aus dem Merseburger Schloss sind ins Gebäude integriert. Damit korrespondierend werden Gemälde präsentiert, darunter ein Tiepolo-Kabinett.

Benannt ist das 1904 eröffnete Museum heute nach seinem Gründer Wilhelm von Bode, der als Kunsthistoriker und Museumsfachmann einflussreicher Generaldirektor der staatlichen Kunstsammlungen zur Kaiserzeit war und die unterschiedlichen Berliner Sammlungen international konkurrenzfähig machte.

Übrigens empfängt das Museum schon mit einem beeindruckenden Entree: ein hoher Kuppelsaal mit Reiterstandbild des Großen Kurfürsten und zentralem Treppenhaus. Der Saal ist ebenso frei zugänglich wie das schöne Café im Obergeschoss.

**Café im Bode-Museum**
Herrlicher Blick auf die Berliner Mitte, zugänglich auch ohne Museumseintritt, nicht rollstuhlgeeignet · Di–So 10–18 Uhr

**Bode-Museum**
Am Kupfergraben · Mitte · Tel. (0 30) 2 66 42 42 42 · www.smb.museum · Di–So 10–18, Do bis 20 Uhr · barrierefrei · S/U Friedrichstraße

Das Bode-Museum liegt auf der nördlichen Spitze der Museumsinsel. Es bietet herrliche Ausblicke auf Berlins Mitte – und ist auch selbst ein schöner Anblick

# 7 Humboldt Forum und Berlin Global

## Dauerbaustelle Geschichte

Als wäre es nie weg gewesen! Doch wurde das Berliner Schloss erst 2020 fertiggestellt, angelehnt an den Bau aus dem 15. Jahrhundert, der um 1700 die Barockfassade erhielt, im 19. Jahrhundert die Kuppel und der 1950 gesprengt wurde. Es ist Sitz des Humboldt Forums – betraut mit Veranstaltungsprogramm und Sonderausstellungen. Über die langfristige Ausrichtung des musealen Orts wird weiterhin debattiert und besonders um die kolonial belasteten Sammlungen werden viele Dialoge geführt.

Beim Schlendern durch die Innenhöfe erwartet einen eine Mischung aus Retro-Architektur und modernen Großstadtfenstern. Ellenlange Rolltreppen führen zu den Schätzen der Stiftung Preußischer Kulturbesitz und zur Ausstellung „Berlin Global“ des Berliner Stadtmuseums.

Es lohnt der Weg auf die Dachterrasse – und in die Keller: Dort sind die archäologischen Ausgrabungen des alten Schlosses und der historischen Berliner Mitte sichtbar.

Als wäre es nie weg gewesen ... oder? Die rekonstruierte Barockfassade des Stadtschlosses gegenüber dem Lustgarten

Berlin Global: Hier wurde ein riesiges, begehbares Bilderbuch erschaffen, das funkelnd und multimedial die Themenwelten der Metropole anreißt. Es eröffnet mit einem monumentalen Graffiti rund um die Brüder Humboldt, die für die Entdeckung der Welt von Berlin aus stehen. Ein interaktives Armband begleitet durch den ganzen Parcours. Der führt durch die Themenräume Freiraum, Grenzen, Vergnügen, Mode, Krieg, Verflechtung und Revolution. Man kann Berliner Luft in vielen Varianten schnuppern, den Grabstein für die bezahlbaren Mieten besuchen, durch die schwere Tür des legendären Clubs „Tresor" schreiten und auch lautlos tanzen. So weit, so Berlin.

**Restaurant Baret**
Contemporary Cuisine auf der Dachterrasse mit Blick über Berlin · tgl. außer Di 11–24 Uhr

**Lebenswelten Bistro**
Snacks in Selbstbedienung · in der Passage · 10–19 Uhr
Souvenir-Shops in der Passage und im Foyer

**Humboldt Forum**
Schloßplatz 1 · Mitte · Tel. (030) 9 92 11 89 89 · www.humboldtforum.org · Mi–Mo 10.30–18.30 Uhr · Sammlungen Preußischer Kulturbesitz: Eintritt frei, „Berlin Global" und Sonderausstellungen kostenpflichtig · alle Bereiche barrierefrei · U Museumsinsel

# 8 Ethnologische Sammlungen und Asiatische Kunst

## Riesige Sammlung mit großem Problem

Auch diese beiden Abteilungen aus den Sammlungen der Stiftung Preußischer Kulturbesitz sind in den weitläufigen Etagen des Schloss-Neubaus untergkommen. Vor allem die ethnologische Sammlung steht im Zentrum von Neubewertung und Neuordnung, ist doch, was ein bestaunenswerter Schatz von allen Kontinenten zu sein scheint, bei näherem Hinsehen ein in den ehemaligen Kolonien zusammengeklaubtes Sammelsurium mit bisweilen kuriosen Zuschreibungen.

„Wunderkammern“ waren Kuriositäten- und Kunstkabinette, und wer als spätbarocker Fürst auf sich hielt, legte sich eine zu. Auch die Brandenburgischen Kurfürsten hatten selbstredend so eine Sammlung – der Grundstock, aus dem sich das Ethnologische Museum entwickelte. Auf eine halbe Million Exponate angewachsen befeuerte die Sammlung die Vorstellungen der Wissenschaft, der Abenteuersuchenden und Handeltreibenden, die Missionstätigkeit der Kirchen – und auch die Entwicklung der zeitgenössischen Kunst. Doch diejenigen, die diese Objekte erschufen, blieben ebenso unbekannt wie häufig deren kulturelle Bedeutung und die Kontexte ihrer Herstellung. Diese Erkenntnis stellt heute die Provenienzforschung vor große Herausforderungen und der Anspruch, ein dekoloniales Museum zu werden, erfordert umfangreiche Neubewertungen und Gespräche mit Vertretungen der Heimatkulturen. Der Raum mit den berühmten Benin-Bronzen beispielsweise ist nach Rückgabe an Nigeria nun weitgehend leer, dafür ist ein Gespräch darüber nachzuerleben.

Dennoch: Das Museum besitzt eine der weltweit größten Sammlungen ethnografischer, archäologischer und kulturhistorischer Objekte aus Amerika, Asien, Ozeanien und Afrika und zeigt davon rund 20 000 Exponate – eine beeindruckende Vielfalt. Ebenso farb- und facettenreich ist die Sammlung der Asiatischen Kunst. Die Ausstellung zeigt Kunstwerke aus dem 4. Jahrtausend v. Chr. bis zur Gegenwart. Ozeanische Boote, ein buddhistischer Tempel und ein japanisches Teehaus wurden u. a. ins Gebäude integriert.

Zum modernen Ansatz des Museums gehören die Themenausstellungen, die in Zusammenarbeit mit lokalen kulturellen Gemeinschaften auf den verschiedenen Kontinenten entwickelt wurden.

**Ethnologische Sammlungen und Asiatische Kunst**
im Humboldt Forum · Schloßplatz 1 · Mitte · Tel. (0 30) 9 92 11 89 89 · www.humboldt-forum.org · Mi–Mo 10.30–18.30 · barrierefrei · Eintritt frei · U Museumsinsel

Das großes Auslegerboot von der Insel Luf (Papua Neuguinea) ist eins der Highlights unter den Exponaten des Ethnologischen Museums im Humboldt Forum

# Kunst und Kultur

# Anna-Seghers-Museum

## Besuch bei einer Autorin von Welt

9

Die Nachbarn erinnern sich noch an das Klappern der Schreibmaschine, das aus dem Fenster im zweiten Stock von Hausnummer 81 drang. Hier in Adlershof lebte und arbeitete die in der DDR hoch geehrte und auch im Westen berühmte Schriftstellerin Anna Seghers mit ihrer Familie von 1955 bis zu ihrem Tod 1983. Heute ist das Zuhause der Autorin in der inzwischen nach ihr benannten Straße ein kleines Museum.

Anna Seghers musste als Jüdin und Kommunistin 1933 vor dem Naziterror aus Deutschland fliehen. Im Exil entstanden ihre bekanntesten Werke wie der Roman „Das siebte Kreuz". Nach dem Ende der Naziherrschaft zog sie nach Berlin zurück.

Neben der originalen Einrichtung aus den 1950er-Jahren, darunter die Schreibmaschine, die sie aus dem mexikanischen Exil mitbrachte, vielen persönlichen Gegenständen und Kunstwerken befreundeter Künstler kann man auch rund 10 000 Bücher bestaunen.

**Anna-Seghers-Museum**
Anna-Seghers-Str. 81 · Adlershof · Tel. (0 30) 6 77 47 25 · www.anna-seghers-museum.de · Di, Do 10–16 Uhr nur mit Führung · nicht barrierefrei · S Adlershof

Produktionsort von Weltliteratur: Die Wohn- und Arbeitsräume von Anna Seghers in Adlershof sind für Besucher erhalten und zugänglich.

# 10 Bauhaus-Archiv

## Form follows function

Der Name „Bauhaus“ steht für den großen Gedanken der Vereinfachung der Form. Das Archiv der Stiftung Bauhaus sammelt die Zeugnisse der Lebenswerke von Bauhaus-Künstlerinnen und Künstlern und ihrer Lehre – von Studien und Entwürfen über Designobjekte und Mobiliar bis hin zu fotografischen Dokumentationen. Sein Zuhause unweit des Potsdamer Platzes ist von weither durch die weißen Scheddächer zu erkennen. Das Gebäude sollte ursprünglich in Darmstadt stehen und wurde von Bauhaus-Mitbegründer Walter Gropius entworfen. In den 1970er-Jahren wurde es für seinen neuen Standort in Berlin angepasst und steht heute unter Denkmalschutz.
Da sich Archiv und Ausstellung steigender Beliebtheit erfreuen, ist die Ausstellungsfläche zu klein geworden und zum 100. Geburtstag des Bauhauses begann man mit einem Umbau, der noch bis 2025 dauern wird. Derweil ist vor Ort ein Baustellen-Schaufenster eingerichtet, zwei Etagen voller Informationen zum Projekt. Ein Rundgang per Faltplan führt zu interessanten Punkten in der Umgebung.

Das Bauhaus-Archiv stellt solange im Ausweichquartier in der Knesebeckstraße aus. Themen sind die Geschichte von Archiv und

Die ikonischen Scheddächer des Berliner Bauhaus-Archivs sind bis zur 2025 geplanten Wiedereröffnung vom Baustellen-Fenster „the bauhaus view“ zu bewundern

Schule, Originale können hier leider nicht gezeigt werden. Dafür befindet sich hier der Design-Shop, in dem man Nachbauten der Bauhaus-Entwürfe erwerben kann.

Die Liste der Bauhaus-Lehrenden liest sich wie ein Who is Who der bedeutendsten Architekten, Designer und Kunstschaffenden des 20. Jahrhunderts. Mit den Leitern Walter Gropius und Ludwig Mies van der Rohe, Lyonel Feininger als Chef der Druckwerkstatt, Paul Klee in der Buchbinderei, Wassily Kandinsky für Wandmalerei oder Oskar Schlemmer für die Bühne seien nur einige genannt. Mit ihren Bauten und Entwürfen setzten sie weltweit Maßstäbe.

Die Bauhaus-Philosophie folgt der Verbindung des Handwerks mit moderner, industrieller Produktion. Die zugehörige „Bauhaus Schule für Gestaltung" wurde 1919 in Weimar gegründet. 1925 zog das Institut nach Dessau und erlebte 1932/33 noch ein kurzes Intermezzo in Berlin-Lankwitz, bevor es am nationalsozialistischen Terror endgültig zugrunde ging. Den Gedanken konnten die politischen Katastrophen jedoch nicht stoppen, sodass der Einfluss des Bauhaus auf die Kunstwelt enorm war.

**the bauhaus view**
Klingelhöferstr. 14 · Kreuzberg · tgl. 10–18 Uhr · Eintritt frei

**the temporary bauhaus-archiv / museum für gestaltung mit Design-Shop**
Knesebeckstr. 1 · Charlottenburg · Tel. (0 30) 30 64 17 68 · www.bauhaus.de · tgl. außer So/Fei 10–18 Uhr · U Ernst-Reuter-Platz

Über die Geschichte der Bauhaus Schule und des Bauhaus Archivs kann man sich im Ausweichquartier informieren, auch der Design-Shop lohnt den Besuch

# 11 Berlinische Galerie

## Typisch Berlin

Schon der Weg dorthin bringt einem Kunst näher, denn ihn weisen Skulpturen: Unter dem Titel „Kunst – Stadt – Raum“ befinden sich derer elf auf den Plätzen und Straßen um die Galerie. Im Museum selbst nehmen die Sammlung der Berliner Kunst von 1870 bis heute und die Wechselausstellungen zum aktuellen Berliner Kunstgeschehen einen wichtigen Platz ein. Das Landesmuseum für Moderne Kunst, Fotografie und Architektur in Berlin entwickelte sich in den 1970er-Jahren. Heute stellen Dada, die Neue Sachlichkeit und Osteuropäische Avantgarde sowie die Kunst des geteilten und des wiedervereinten Berlins herausragende Sammlungsbereiche dar.

Es gibt auch ein schönes Café und eine Kunstschule für Groß und Klein. Eingebettet ist alles in den lichten, modernen Umbau eines ehemaligen Glaslagers.

**Café Dix**
Lichtdurchflutetes, modernes Ambiente mit Terrasse, kreative Küche · Mi–Mo 10–18 Uhr

**Berlinische Galerie**
Alte Jakobstr. 124–128 · Kreuzberg · Tel. (0 30) 78 90 26 00 · www.berlinischegalerie.de · Mi–Mo 10–18 Uhr · barrierefrei, Inklusionsangebote · U Kochstraße

Berliner Kunstgeschichte reflektiert stets Berliner Geschichte: Die Fotografie von Fritz Tiedemann, bearbeitet von Arwed Messmer, zeigt den Pariser Platz 1951

# Boros Collection

## Reichsbahnbunker Friedrichstraße

12

Beim Rundgang durch den umgebauten Hochbunker greifen die Installationen der Kunstsammlung Boros anmutig ineinander und setzen gleichzeitig Bezüge zum Bauwerk. Im Gebäude geht es labyrinthisch durch fünf Etagen und 80 Räume. Der „Typenbunker 1200“ wurde 1942 unter der Leitung von Albert Speer von Zwangsarbeitern erbaut. Später nutzte ihn die Rote Armee als Gefängnis, dann wurde er Lagerraum der VEB Südfrüchte, ein Ort für Sexmessen, Techno- und Fetischpartys und für Theateraufführungen und Kunstausstellungen. Manche Wände tragen noch Graffiti, andere Kriegsspuren. Auch das aufwendige Lüftungssystem ist zu sehen, das seinerzeit bis zu 3 000 Schutzsuchende mit Sauerstoff versorgte. Der Umbau ist mehrfach mit Architekturpreisen ausgezeichnet worden.

Ein Kunst-Raum, der in seiner Abgeschirmtheit die richtige Umgebung schafft für das jeweilige Wesen der Kunstwerke.

**Boros Collection/Sammlung Boros**
Reinhardtstr. 20 · Mitte · Tel. (0 30) 27 59 40 65 · www.sammlung-boros.de · Do–So 10–20 Uhr nur mit Führung (Dtsch. oder Engl.) · nicht barrierefrei · S/U Friedrichstraße

Der Hochbunker hat von Luftangriff bis Sexmesse schon einiges erlebt. Heute bieten seine Räume eine einzigartige Kulisse für die Präsentation moderner Kunst

# 13 Brecht-Weigel-Museum

## „Ändere die Welt, sie braucht es."

Machen wir einen sehr persönlichen Besuch bei Bertolt Brecht, dem Dramatiker, Lyriker und Begründer des epischen Theaters. Und natürlich bei seiner Gattin, der Schauspielerin und Intendantin Helene Weigel. Ihre beiden Wohnungen sind im Originalzustand erhalten und können mit einer Führung besichtigt werden.

Das Brecht-Haus, das nicht weit entfernt vom Berliner Ensemble liegt, der ehemaligen Wirkungsstätte der beiden, beherbergt ein umfangreiches Archiv zum Werk des Künstlerpaares. Auch die Nachlassbibliothek Brechts mit 4000 Büchern befindet sich noch in der Wohnung und darf im Archiv genutzt werden. Gleich nebenan, auf dem Dorotheenstädtischen Friedhof, kann man die gemeinsame Grabstätte von Brecht und Weigel besuchen.

Die literarisch-künstlerische Tradition im Haus wird durch das Literaturforum mit Lesungen und Ausstellungen fortgeführt.

**Brecht-Weigel-Museum**
Chausseestr. 125 · Mitte · Tel. (0 30) 2 00 57 18 44 · www.brecht-weigel-museum.de · nur mit Führung Di–Sa ab 10, So ab 11 Uhr · nicht barrierefrei, Führungen für Blinde und Sehbehinderte an speziellen Terminen · U Naturkundemuseum

Arbeiten mit Blick in die Zukunft: Brecht wollte in der Chausseestraße leben und nebenan begraben werden. So ist es geschehen

# Bröhan-Museum 14

## Von Nymphen und Keksdosen

In den spätklassizistischen ehemaligen Kasernengebäuden gegenüber dem Charlottenburger Schloss ist heute der Jugendstil zu Hause: Basierend auf der Sammlung des Berliner Kunstsammlers Karl H. Bröhan werden hier Einrichtungs-, Dekorations- und Gebrauchsgegenstände sowie Kunstwerke aus der Zeit des Jugendstils, des Art Déco und des Funktionalismus gezeigt.

Die Dauerausstellung im Erdgeschoss präsentiert stimmige Raumensembles, die das Zusammenspiel von Mobiliar, Lampen, Porzellan und Dekoration atmosphärisch erlebbar machen. Schwerpunkte sind dem Werk des Jugendstilkünstlers Henry van de Velde und der Berliner Secession gewidmet. In den Obergeschossen entfalten Sonderausstellungen die Ästhetik der Epoche.

**Museumsshop**

Gebrauchsgegenstände und Schmuck im Stil des Jugendstils und Art Déco

**Bröhan-Museum**

Schloßstr. 1a · Charlottenburg · Tel. (0 30) 32 69 06 00 · www.broehan-museum.de · Di–So 10–18 Uhr · barrierefrei, Angebote für Gehörlose · U Sophie-Charlotte-Platz

Jugendstil inside – das Bröhan-Museum ist in den spätklassizistischen Kasernengebäuden gegenüber dem Charlottenburger Schloss untergebracht

# 15 Brücke-Museum

## Komplementärkontrast

Dieses museale Kleinod geht auf die Initiative von Karl Schmidt-Rottluff zurück. Er war selbst Mitglied der expressionistischen Künstlergruppe „Die Brücke", die von 1905 bis 1913 existierte, und stiftete für das Museum seine Sammlung mit Werken der Gruppe. Erich Heckel, ebenfalls Brücke-Mitglied, tat es ihm später nach.

Die Gemälde, Zeichnungen, Aquarelle und Druckgraphiken werden in wechselnden Ausstellungen im stillen Sechziger-Jahre-Bau von Werner Düttmann gezeigt. Durch die großen Panoramafenster hat man stets Ausblick auf den begrünten Innenhof oder den Wald, der direkt an das Haus anschließt – eine ideale Kulisse für die farbenfrohen und expressiven Werke von Kirchner, Schmidt-Rottluff, Pechstein, Nolde, Mueller und anderen.

**Café im benachbarten Kunsthaus Dahlem**
Hausgemachte Speisen im denkmalgeschützten Atelier des Bildhauers Arno Breker mit 10 Meter Deckenhöhe · Käuzchensteig 8 · tgl. außer Di 10–18 Uhr

**Brücke-Museum**
Bussardsteig 9 · Dahlem · Tel. (0 30) 83 90 08 60 · www.bruecke-museum.de · Mi–Mo 11–17, jeden 3. Do im Monat bis 20 Uhr · barrierefrei · Bus X10, 115 Brücke-Museum

Zu den bevorzugten Motiven der Brücke-Maler zählten unter anderem der Mensch in Bewegung, Zirkus und Varieté sowie Akte

# Das Kleine Grosz Museum

## Dada tanken

16

George Grosz (1893–1959) war ein streitbarer und treffsicherer Berliner Maler, Grafiker, Karikaturist und Kriegsgegner. Zunächst als Vertreter der Neuen Sachlichkeit, später als Dadaist nahm er die Gesellschaft und ihre Abseitigkeiten aufs Korn.

Nahe seiner früheren Lebensorte hat das neue Kleine Grosz Museum sein Domizil in einer umgebauten Tankstelle mit schwungvollem Dach gefunden. In der ehemaligen Werkstatt befindet sich nun der Empfang des Museums, an den sich im ehemaligen Verkaufsraum ein kleines Café anschließt. Im Erdgeschoss führt eine multimediale Dauerausstellung anhand von Fotos, Dokumenten, digital aufbereiteten Informationen und beispielhaften Originalen in Leben und Werk des Künstlers ein. Im Obergeschoss findet sich Platz für die Präsentation aktueller Sonderausstellungen aus den Beständen von Grosz' eigenem Nachlass in Kombination mit Werken aus Institutionen und Privatsammlungen.

**Das Kleine Grosz Museum**
Bülowstr. 18 · Schöneberg · Tel. (0 30) 22 43 96 34 · www.daskleinegroszmuseum.berlin · Mo/Do/Sa/So 11–18, Fr 11–20 Uhr · barrierefrei · U Bülowstraße

Das ikonische Tankstellengebäude aus den 1950er-Jahren mit schwungvollem Freidach ist seit 2022 Domizil des Kleinen Grosz Museums

# 17 Designpanoptikum

## Museum und One-Man-Show

Die Sammlung dieses Museums mag so umfangreich und konsequent sein wie die eines „echten“ Museums – ihre Intention indes ist eine andere: Der Fotokünstler Vlad Korneev sammelt intuitiv. Und das, was er gesammelt hat, belässt er nicht etwa im Urzustand, sondern seziert es und setzt es völlig neu zusammen. Das Ergebnis nennt sich zu Recht auch „Panoptikum“, also Kuriositätenkabinett.

Es ist eine Sammlung industriellen Designs des 20. Jahrhunderts und gleichzeitig ein Gesamtkunstwerk. Über 3 000 Ausstellungsobjekte hinweg wandert das Auge des Besuchers durch das Reich der Fantasie, während das andere gleichzeitig überall Alltagsgegenstände und Maschinenteile identifiziert.

Der skurrile Gesamteindruck wird vervollständigt durch den Inhaber, der wort- und detailreich sein immenses Hintergrundwissen zu jedem Gegenstand in Vorträgen mit hohem Unterhaltungswert zum Besten gibt.

**Designpanoptikum – Surreales Museum für industrielle Objekte**
Poststr. 7 · Mitte · www.designpanoptikum.de · Do, Sa 12–18 Uhr · U Rotes Rathaus

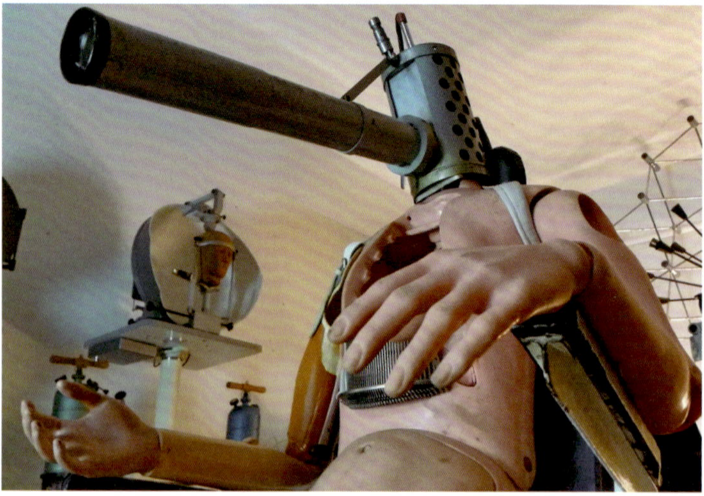

Kurios: Die Sammlung des surrealen Museums setzt Alltagsgegenstände und Maschinenteile fantasievoll neu zusammen und in Szene

# Ephraim-Palais

## Rokoko auf Zeitreise

**18**

Der erste Bauherr des Ephraim-Palais im 18. Jahrhundert war Hof-Juwelier. Selbstverständlich ließ er sein Haus glänzen und sorgte für eine prächtige Rokokofassade – genannt „die schönste Ecke Berlins". Auch das innen liegende Treppenhaus wurde für seine Pracht berühmt.

Heute ist das Palais einer von mehreren Standorten der Stiftung Stadtmuseum – und die Ausstellungen, die hier gezeigt werden, widmen sich sowohl historischen Themen als auch der Kunst mit Bezug zur Stadt. Immer etwas Neues – Wiederkommen lohnt sich also! Zumal, weil das Museum wegen Umbauarbeiten bis Anfang 2024 geschlossen bleibt.

Übrigens gehört das Palais zu den Gebäuden, die im Zuge der Neugestaltung der Berliner Mitte ihren Standort verloren. Es war ursprünglich genau zwölf Meter weiter am Mühlendamm zu finden, wurde zwischenzeitlich komplett abgebaut, eingelagert und 1987 wieder aufgebaut.

**Ephraim-Palais**
Poststr. 16 · Mitte · Tel. (0 30) 24 00 21 62 · www.stadtmuseum.de/ephraim-palais · vorauss. geschlossen bis 2024 · barrierefrei · U Rotes Rathaus

Die „schönste Ecke Berlins" hat ein rundes Treppenhaus und ist einer der Standorte der Stiftung Stadtmuseum. Hier werden Ausstellungen mit Berlin- und Kunstbezug gezeigt

# 19 Filmmuseum

## Willkommen in der Flimmerkiste

Das Medium Film hat die Welt verändert – denn es entführt den Zuschauer in eine andere: an ferne Orte, ins Reich der Fantasie, der Vergangenheit oder der Zukunft. Und so entreißt auch das Museum für Film und Fernsehen den Besucher der turbulenten Realität im Sony-Center am Potsdamer Platz und nimmt ihn mit auf eine Zeitreise zu den Techniken und vor allem den Protagonisten des Mediums. Hier kann man sich verlieren – nicht nur in der Betrachtung der Ausstellungsstücke, sondern auch im Versinken in unzähligen Filmen und Filmschnipseln. Man sollte viel Zeit einplanen.

Gleich zu Beginn der Ausstellung schwinden Boden, Decke und Wände: Die ersten Filmklassiker laufen auf riesigen Leinwänden in einem Spiegelsaal. So wird das Tor zu den Anfängen der Filmgeschichte geöffnet, zur Welt des Stumm- und Schwarzweißfilms und ihrer Stars. Das Kabinett des Dr. Caligari, Fritz Langs Metropolis rufen sich eindrucksvoll in Erinnerung. Doch auch die Filmwerke der Nazizeit und ihr zweifelhafter Einsatz werden ausführlich beleuchtet. Ein großer Bereich ist der Diva Marlene Dietrich gewidmet: ihre Filme, ihr Leben, aber auch Devotionalien wie ihre Roben oder ihr Schminkkoffer.

Marlene on the Wall: Dem Leben und Wirken der legendären Schauspielerin Marlene Dietrich ist im Filmmuseum viel Raum gewidmet

Eher im Galopp geht es anschließend durch die neuere Filmgeschichte. Dennoch sind viele Informationen über die Regisseure der Nachkriegszeit bis zur jüngeren Vergangenheit zu finden.

Der zweite Teil der Ausstellung widmet sich dem Medium Fernsehen. Auch hier steht ein Spiegelsaal am Anfang: als Kino der Fernsehunterhaltung aus DDR und BRD – ein Potpourri aus Ausschnitten und Eindrücken, aus Spaß und Ernst, mit Absicht unkommentiert. Die eigene Erinnerung wird geweckt.

Vieles findet sich in der anschließenden Ausstellung zur Geschichte des deutschen Fernsehens wieder. Diese demonstriert außerdem, dass der Fortschritt in der Film- und Übertragungstechnik auch Einfluss auf die reale Welt genommen hat. Denn die Live-Übertragung aktueller Ereignisse lässt Menschheit, Aktion und Reaktion näher zusammenrücken. Natürlich kann am Ende auch ausgiebig ferngeguckt werden, ein ganzer Raum voller TV-Geräte steht zur Verfügung!

Daneben gibt es Sonderausstellungen, Themen-, Kinder- und inklusive Führungen, Workshops. Das Museum verfügt zudem über ein umfangreiches Archiv.

**Museumsrestaurant Ki-Nova**
Frische, internationale Küche · Mo–Fr 10–18 Uhr

**Museum für Film und Fernsehen – Deutsche Kinemathek**
Potsdamer Str. 2 · Tiergarten · Tel. (0 30) 3 00 90 30 · www.deutsche-kinemathek.de · tgl. außer Di 10–18, Do bis 20 Uhr · barrierefrei · S/U Potsdamer Platz

Flimmern vor den Augen: Der futuristische Spiegelsaal ist voller Bildschirme

# 20 Friedrichswerdersche Kirche

## Zeitreise in Stein

Nur einen Steinwurf entfernt von der Museumsinsel erheben sich die Doppeltürme der Friedrichswerderschen Kirche. Bestimmt praktisch für Karl Friedrich Schinkel, der zwischen 1825 und 1830 sowohl diese als auch die Baustelle des Alten Museums betreute. Hier wünschte der Kronprinz Friedrich Willhelm Gotik, also schuf der Architekt einen einschiffigen, hohen und hellen Kirchenraum. Schinkel baute die erste Backsteinkirche seit dem Mittelalter, doch verschmolz er dabei gotische Elemente mit klassizistischen Proportionen.

Bereits seit der 750-Jahrfeier Berlins 1987 ist die Kirche ein Museum. Heute zeigt die Alte Nationalgalerie hier Bildhauerei aus dem 19. Jahrhundert. Es ist ein stummer Reigen heller Figuren, die im Raum verharren. Die Dauerausstellung „Ideal und Form“ gibt mit mehr als fünfzig zum Teil überlebensgroßen Skulpturen einen Einblick in die Berliner Bildhauerschule und ihre internationalen Verflechtungen.

**Friedrichswerdersche Kirche**
Werderscher Markt · Mitte · Tel. (0 30) 2 66 42 42 42 · www.smb.museum · Di–So 10–18 Uhr · eingeschränkt barrierefrei · Eintritt frei · U Museumsinsel

Skulpturen des 19. Jahrhunderts sind hier in einer weitestgehend original erhaltenen Architektur aus eben jener Zeit zu erleben

# Georg Kolbe Museum

## Stille und Bewegung

21

Georg Kolbe (1877–1947) war seinerzeit einer der wichtigsten deutschen Bildhauer und widmete sich einem zärtlichen, aber idealisierten Bild des Menschen.

Im ehemaligen Atelierhaus des Bildhauers sind seine eigenen Werke und seine Kunstsammlung der Berliner Sezession ausgestellt, darunter Max Liebermann, Lovis Corinth und Renée Sintenis. Dazu verfügt das Haus heute über eine umfangreiche Sammlung figürlicher Bildhauerei aus jener Epoche. Die Ausstellungen in den Ateliers und einem eigens dazu errichteten Neubau setzen das Werk Kolbes und seiner Zeitgenossen stets in einen Dialog mit bildhauerischen Positionen der Gegenwart.

**Café Benjamine**
Bio-Restaurant mit Mittagstisch und Café im Nachbarhaus, das Kolbe für die Familie seiner Tochter errichten ließ · tgl. 11–18 Uhr

**Georg Kolbe Museum**
Sensburger Allee 25 · Westend · Tel. (0 30) 3 04 21 44 · www.georg-kolbe-museum.de · Mi–Mo 11–18 Uhr · barrierefrei · S Heerstraße

Georg Kolbe war ein Meister darin, der schweren Bronze leichtfüßige Anmut einzuhauchen

# 22 Gemäldegalerie

## Flaniermeile der abendländischen Kunst

Dort, wo sich im Rücken der aufgetürmten Gebäude des Potsdamer Platzes die Stadt öffnet, liegt das sogenannte Kulturforum. Das architektonische Ensemble aus den 1980er-Jahren wurde von Hans Scharoun entworfen. Die einzelnen Gebäude sind moderne Solitäre, die sich um einen euphemistisch „Piazetta" genannten, ansteigenden Platz gruppieren. Viel Waschbeton, wenig anheimelnd – ein Gegensatz zu den üppigen Schätzen, die die Gebäude beherbergen. Im Zentrum befindet sich die Gemäldegalerie, die Meisterwerke der europäischen Malerei vom 13. bis zum 18. Jahrhundert beherbergt.

Ihre Architektur bezieht sich in Fassaden- und Innenraumgestaltung auf das Herz der Berliner Museumslandschaft: die Museumsinsel. Im Inneren gruppieren sich die Ausstellungsräume um eine lang gestreckte zentrale Säulenhalle. Insgesamt 18 Säle und 41 Kabinette fordern zu einem etwa zwei Kilometer langen Spaziergang entlang der wichtigsten

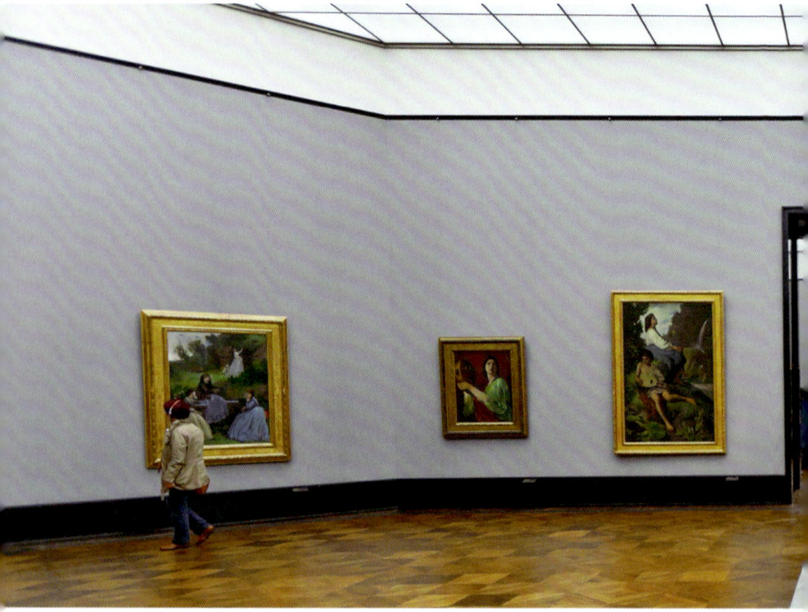

Zwei Kilometer lang ist der Kunst-Wanderweg durch die Epochen in der Gemäldegalerie – und er bietet dabei manche schöne Aussicht

Epochen abendländischer Malerei auf. Das gedämpfte Tageslicht der Oberlichter und die farbig bespannten Wände erzeugen eine Atmosphäre von Ruhe und Konzentration.

Die Sammlung der Staatlichen Museen Berlin, Preußischer Kulturbesitz bietet einzigartige Bestände großartiger Meisterwerke. In der Abteilung der deutschen Malerei des 13. bis 16. Jahrhunderts seien die Werke Dürers, Cranachs und Holbeins des Älteren sowie des Jüngeren hervorgehoben. Das Italien der Renaissance ist mit Schlüsselwerken Fra Angelicos, Piero della Francescas, Botticellis und vieler anderer vertreten. In der Abteilung der niederländischen Kunst kann die Gemäldegalerie mit ganzen 16 anerkannten Werken Rembrandts punkten, eingebettet in eine reichhaltige Werkauswahl von Zeitgenossen. Alljährlich zum 8. März fordert das Bündnis Fair Share, die Leistungen weiblicher Künstlerinnen, die in den Archiven lagern, auch zur Ausstellung zu bringen und damit den europäischen Kanon zu reformieren.

**Gemäldegalerie**
Matthäikirchplatz · Tiergarten · Tel. (0 30) 2 66 42 42 42 · www.smb.museum · Di–So 10–18, Do bis 20 Uhr · barrierefrei · S/U Potsdamer Platz

# 23 Hamburger Bahnhof

## Der Zug der Zukunft

Eine zweifarbige Lichtinstallation des Künstlers Dan Flavin taucht die Fassade des historischen Bahnhofs in blaues und die Rundbögen in grünes Neonlicht. Schon aus der Ferne ist damit sichtbar: Hier geht es um Moderne Kunst – und zwar in einem der bedeutendsten Museen weltweit, das jährlich 250 000 Besucher anzieht.

In seiner ursprünglichen Funktion war dem Bahnhof für die Fahrtrichtung Hamburg kein langes Leben beschieden: Erbaut im Jahr 1846, wurden schon 37 Jahre später seine beiden hohen, schlanken Tore für den Zugverkehr geschlossen. Seit 1996 werden in dem spätklassizistischen Gebäude Exponate aus der Zeit seit 1960 gezeigt, federführend ist die Nationalgalerie und damit die Staatlichen Museen.

Was im Hamburger Bahnhof dauerhaft zu sehen ist, stammt zum großen Teil aus umfangreichen Privatsammlungen: Während der Schwerpunkt der Sammlung Erich Marx auf den großen Umbrüchen und Neudefinitionen von Malerei, Skulptur und Medienkunst liegt, ergänzt die Sammlung von Egidio Marzona die Bestände um bedeutende Werke der Arte Povera und Konzeptkunst. Einige Schlüsselwerke der Gegenwartskunst befinden sich hier – zum Beispiel Andy Warhols großer „Mao“. Im Gebäude und auf dem Gelände verteilt sind zahlreiche ortsbezogene Werke zeitgenössischer Kunst zu finden.

Auch aus der Sammlung Christian Flick sind nach einem mehrjährigen Gastspiel mehrere hundert Werke der Gegenwartskunst in den Museumsbestand eingegangen, darunter einige Schlüsselwerke der 1980er- und 1990er-Jahre.

Zu dem Ausstellungsräumen gehören auch die hinter dem Bahnhof liegenden „Rieckhallen“, ehemalige Lagerhallen, die weiteren Raum für große Installationen bieten. Zusätzlich zu all diesen Schätzen werden im Hamburger Bahnhof stets Wechselausstellungen zum aktuellen, internationalen Kunstgeschehen gezeigt.

**Restaurant Siuts**
Imbiss und Café mit eigener Konditorei im Innenhof, hochklassiges Restaurant mit Sitzplätzen am Wasser · Tel. (030) 70 71 36 50 · www.restaurant-hamburger-bahnhof.de · Di/Mi/Fr 10–18, Do bis 20, Sa/So 11–18 Uhr

**Hamburger Bahnhof**
Invalidenstr. 50–51 · Mitte · Tel. (0 30) 2 66 42 42 42 · www.smb.museum · Di/Mi/Fr 10–18, Do bis 20, Sa/So 11–18 Uhr · eingeschränkt barrierefrei · S/U Hauptbahnhof

Joseph Beuys, Andy Warhol, John Cage, Rebecca Horn ... der Hamburger Bahnhof ist eines der bedeutendsten Museen für Moderne Kunst weltweit

# 24 Haus des Papiers

## Keine Flachware

Versuchen Sie sich vorzustellen, was das Material, aus dem die Seiten sind, die Sie gerade wenden, noch so alles kann! Es lässt sich schneiden, reißen, kleben, vernähen, grundsätzlich anders schöpfen und formen und tritt so aus seiner landläufigen Funktion als platter Bildträger heraus. Ein leichter, vielseitiger Werkstoff, der vieles ermöglicht, auch Skulptur und Installation. Und dem die beiden Inhaberinnen dieser Kunstsammlung mit großer Leidenschaft begegnen.

Sie sammeln zeitgenössische Kunst, die aus Papier gemacht ist, und können dabei auf zahlreiche etablierte Positionen verweisen: Rosemarie Trockel, Leiko Ikemura oder Monica Bonvicini etwa. Zusätzlich werden Wechselausstellungen gezeigt und Kunstförderung sorgt für Neuzugänge: durch ein Residenzstipendium und die Kooperation mit der Kunstmesse Paper Positions. In Workshops können auch Besuchende das Material für sich erkunden.

**HdP Haus des Papiers**
Seydelstr. 30 / Ecke Elisabeth-Mara-Str. · Mitte · Tel. (0 30) 50 94 76 48 · www.hausdespapiers.com · Fr–So 10–17 Uhr · S Spittelmarkt

Die „Steine" von Goekhan Erdogan – aus Papier und federleicht

# Käthe-Kollwitz-Museum

## Ein Haus für die Grande Dame

25

Käthe Kollwitz (1867–1945) war eine der bekanntesten Künstlerinnen des 20. Jahrhunderts. Ihre Skulpturen und Zeichnungen erzählen in expressiver bis realistischer Manier von Krieg und Elend zu ihren Lebzeiten. Ihr Leben und ihr Werk werden im Museum über ihre Plastiken, Grafiken und Plakate erschlossen. Zugrunde liegt dem die Sammlung des Kunsthändlers Pels-Leusden. Sonderausstellungen setzen die Künstlerin in immer neue Dialoge mit der Gegenwart und betonen damit die beständige Aktualität ihrer Position.

Nach über 30 Jahren in der Fasanenstraße ist das Museum jüngst in den Theaterbau am Schloss Charlottenburg umgezogen. Nach ihrer Restaurierung wird auch die überlebensgroße Bronzeplastik der sitzenden Käthe Kollwitz von Gustav Seitz wieder vor dem Museumsgebäude aufgestellt werden. Bei laufendem Betrieb wird noch weiter umgebaut, so dass die Ausstellung ab 2024 auch das Obergeschoss bespielen kann.

**Käthe-Kollwitz-Museum**
Spandauer Damm 10 · Charlottenburg · Tel. (0 30) 8 82 52 10 · www.kaethe-kollwitz.de · tgl. 11–18 Uhr · barrierefrei, inklusive Angebote · S Westend

Das Selbstbildnis von 1888/89 zeigt die junge Käthe Kollwitz lachend. Später – nach Erfahrungen von Krieg und Armut – sollte Heiterkeit kein Wesensmerkmal ihrer Kunst sein

# 26 Kunstgewerbemuseum

## Künstlerische Prunkstücke

Das Berliner Kunstgewerbemuseum verteilt sich heute auf zwei Häuser und jedes von Ihnen ist einen eigenen Besuch wert.

Zum einen ist da der konstruktiv-moderne Bau von Rolf Gutbrod, der zum Ensemble des Kulturforums gehört. Das ganze Haus ist vor einigen Jahren grundlegend umgebaut und aufgefrischt worden. Das neue Besucher-Leitsystem erhielt sogar einen Designpreis. Auch die Ausstellung wurde neu gegliedert und zeigt nun in mehreren weitläufigen Parcours Meisterleistungen europäischer Objektkunst vom Mittelalter über Renaissance, Barock und Rokoko bis hin zum Art Déco und dem 20. Jahrhundert.

Eine Etage gehört dem klassischen Design und auch der Mode wendet man sich nun ausführlich zu – zumindest jener der letzten 200 Jahre: Von Reifröcken und Roben des 18. Jahrhunderts bis hin zu Designerstücken von Coco Chanel oder Gianni Versace. Auch ein Kleid von H&M ist museumswürdig.

**Kunstgewerbemuseum – Kulturforum**
Matthäikirchplatz · Mitte · Tel. (0 30) 2 66 42 42 42 · www.smb.museum · Mo–Fr 10–18, Sa/So 11–18 Uhr · barrierefrei · S/U Potsdamer Platz

Das Kunstgewerbemuseum zeigt weltberühmte Zeugnisse europäischen Kunsthandwerks und Designs, vom mittelalterlichen Reliquiar bis zum Versace-Kleid

# Kunstgewerbemuseum Köpenick

## 27

### Schönes im Schloss

Das zweite Haus des Kunstgewerbemuseums befindet sich im Schloss Köpenick. Das Barockschloss, malerisch auf einer Dahme-Halbinsel gelegen, ist eine Sehenswürdigkeit für sich. Hier suchte Friedrich I. Zuflucht vor den Intrigen des innerstädtischen Hofes. Im Wappensaal wird heute das wertvolle Porzellanservice der Königlichen Porzellan-Manufaktur inszeniert. Auch die anderen Ausstellungsstücke passen zum Gebäude: Interieurs, ein Spiegelkabinett, Mobiliar, das Silberbuffet aus dem Stadtschloss. Erstaunliche Wandbehänge und Schmuck stammen aus dem 16. bis 18. Jahrhundert – eben „Raumkunst aus Renaissance, Barock und Rokoko".

Auf der Schlossinsel lädt anschließend der kleine Schlosspark zum Spazieren ein.

**Schlosscafé am Schloss Köpenick**
Mit Terrasse am Wasser und Blick auf Frauentog und Köpenicker Fischerkietz · Fr–Mo 10–18 Uhr

**Kunstgewerbemuseum – Schloss Köpenick**
Schloßinsel 1 · Köpenick · Tel. (0 30) 2 66 42 42 42 · www.smb.museum · Di–So 11–18, Okt.–März Do–So 11–17 Uhr · barrierefrei · Tram/Bus Schlossplatz Köpenick

Das zweite Haus des Kunstgewerbemuseums im Schloss Köpenick zeigt „Raumkunst aus Renaissance, Barock und Rokoko" am historischen Ort

# 28 Kupferstichkabinett und Kunstbibliothek

## Schätze in Schubladen

Wenn man sich nur vor Augen führt, welche Schätze in den Schränken des Kupferstichkabinetts schlummern: Meisterwerke der Grafik vom Mittelalter bis heute, von Dürer und Botticelli über die vormodernen und modernen Künstler bis zu Picasso und Warhol.

Mit rund einer halben Million Druckgrafiken und über 100 000 Zeichnungen besitzt das Kupferstichkabinett die größte grafische Sammlung Deutschlands und rangiert unter den Top Four seiner Art weltweit. Zu sehen ist davon jeweils eine themenbezogene Kabinettsausstellung in der direkten Nachbarschaft der Gemäldegalerie – und die ist dann entsprechend hochkarätig besetzt! Den Rest kann man sich, auf Anfrage, im Archiv zeigen lassen.

Das Gleiche gilt für die Kunstbibliothek mit Ausstellungsraum ein Stockwerk tiefer: Auszüge aus der riesigen, interdisziplinären Sammlung bespielen jeweils eine Themenausstellung.

**Kupferstichkabinett und Kunstbibliothek**
Matthäikirchplatz · Tiergarten · Tel. (0 30) 2 66 42 42 42 · www.smb.museum · Di–Fr 10–18, Sa/So 11–18 Uhr · barrierefrei · S/U Potsdamer Platz

An diesem Ort lagern immense Sammlungen der Buchkunst und Grafik – einen kleinen Blick darauf kann man erhaschen

# Liebermann-Villa

## Stille, See und Blütenpracht

29

Die Schönheit des Wannseeufers brachte den Impressionisten Max Liebermann (1847–1935) dazu, hier 1909 sein „Schloss am See" bauen zu lassen. Der Maler, der in Berlin gleich neben dem Brandenburger Tor residierte, nutzte es als Sommerhaus. Es war Schauplatz seines familiären Glücks und der Hochphasen seiner Arbeit.

Heute ist das Gebäude ein Museum, das über Leben und Werk des Künstlers, Berliner Ehrenbürgers und Ehrenpräsidenten der Preußischen Akademie informiert. Neben einfühlsamen Porträts von Familie und Freunden entstanden hier in knapp 25 Jahren die über 200 „Gartenbilder". Auf ihnen sind Ansichten des sich mit den Jahreszeiten verändernden Seeufers zu sehen. Dem kann man auch ganz sinnlich nachgehen: Bei Kaffee und Kuchen im hauseigenen Café Max.

**Café Max**
Terrasse mit Blick über das Blumenmeer, die weitläufigen Rasenflächen und den See

**Liebermann-Villa**
Colomierstr. 3 · Wannsee · Tel. (0 30) 80 58 59 00 · www.liebermann-villa.de ·
Okt.–März Mi–Mo 11–17 Uhr, Apr.–Sep. Mi–Mo 10–18 Uhr · eingeschränkt barrierefrei ·
S Wannsee und Bus 114 bis Haltestelle Liebermann-Villa

Der Maler Liebermann liebte seinen Garten und malte ihn hunderte Male – das kann man verstehen. Heute darf man die blühende Pracht auch Kaffee trinkend genießen

# 30 Museum Berggruen

## Picasso und seine Zeit

Dieses Museum ist nicht nur eines der bedeutendsten seiner Art weltweit, was die Qualität der Sammlung betrifft, es ist auch das Manifest einer Berliner Legende. Es stellt die Sammlung Berggruen aus, die über 200 Hauptwerke der klassischen Moderne umfasst. Gemälde, Grafiken und Skulpturen zeigen die Entwicklung der Kunst der ersten Hälfte des 20. Jahrhunderts. Der Schwerpunkt liegt auf dem Werk Pablo Picassos und seiner künstlerischen Entwicklung: von ersten Arbeiten über rosa und blaue Periode, Entwicklung des Kubismus bis hin zu fortgesetzter Abstraktion.

Ein eigener Raum ist jedoch auch der Person des Sammlers Berggruen gewidmet, mit Dokumenten zu seinem Leben und seiner Sammlungstätigkeit. Dem jungen Berliner Juden Heinz Berggruen wurde 1936 die deutsche Staatsbürgerschaft entzogen. Er wurde Amerikaner, avancierte zum Journalisten, Galeristen und Kunstsammler und baute während drei Jahrzehnten seine Sammlung auf. Darin: rund 100 Werke von Picasso, dazu Arbeiten bedeutender Zeitgenossen wie Paul Klee, Henri Matisse, Alberto Giacometti oder Georges Braque. Im hohen Alter kehrte Berggruen nach Berlin zurück und richtete 1996 sein Museum in Zusammenarbeit mit der Stiftung Preußischer Kulturbesitz im Stülerbau neben dem Charlottenburger Schloss ein – zunächst als Leihgabe. Mit einer milliardenschweren „Geste der Versöhnung" überließ Berggruen schließlich die Sammlung der Stadt Berlin zu einem Sechstel ihres Werts.

Momentan ist die Sammlung allerdings nicht zu Hause. Vielmehr können Sie sie in den Jahren 2023 und 2024 in Japan oder China antreffen und später in Paris. Der Stülerbau muss saniert werden, und so lange sind all die wichtigen Werke im Leihverkehr auf Tournee – eine kleine Auswahl allerdings hat sich nur über die Straße begeben und ist nun in der Sammlung Scharf-Gerstenberg mit ausgestellt (▸ Seite 58), die im anderen der beiden Zwillingsbauten untergebracht ist. Die klassizistischen Gebäude beherbergten einst die Offizierskasernen des preußischen Regiments der Gardes du Corps.

Im Jahr 2025 soll alles fertig werden und die grandiose Dauerausstellung „Picasso und seine Zeit" wieder im Stülerbau zu sehen sein.

**Museum Berggruen**
Schloßstr. 1 · Charlottenburg · Tel. (0 30) 2 66 42 42 42 · www.smb.museum · voraussichtlich geschlossen bis 2025 · eingeschr. barrierefrei · U Sophie-Charlotte-Platz

Kunst statt Kaserne! Wie die Sammlung Scharf-Gerstenberg ist auch die Sammlung Berggruen in eine der ehemaligen Offizierskasernen eingezogen

# 31 Museum Europäischer Kulturen

## Buntes Europa

Die Themen dieses Museums sind so vielfältig wie das Leben auf unserem Kontinent: Hochzeit oder Totengedenken, Napoleon-Kult, Halloween, Erzgebirgischer Weihnachtsschmuck – im Alltagsgegenstand wird Geschichte erfahrbar. Etwa 275 000 Objekte illustrieren europäische Lebenswelten vom 18. Jahrhundert bis heute – eine der größten europäischen Sammlungen dieser Art.

Die Dauerausstellung „Kulturkontakte. Leben in Europa“ beschäftigt sich mit lokalen Identitäten und kulturellen Gemeinsamkeiten und greift dabei auch Diskussionen über gesellschaftliche Bewegungen und Abgrenzungen auf.

Hautnah erleben kann man die Kulturen der Mit-Europäer während der jährlichen Kulturtage, die jeweils einem Land gewidmet sind.

**Kaffee!**

...und hausgemachten Kuchen gibt es im Museum, multikulturelle Küche im benachbarten Gastraum Dahlem (Takustr. 38/40 · Mo–Fr 10–16 Uhr)

**Museum Europäischer Kulturen**

Lansstr. 8/Arnimallee 25 · Dahlem · Tel. (0 30) 2 66 42 42 42 · www.smb.museum · Di–Fr 10–17, Sa/So 10–18 Uhr · barrierefrei · U Dahlem-Dorf

Auch der Alltag schreibt Geschichte. Ihm widmet das Museum Europäischer Kulturen seine Räume

# Musikinstrumenten-Museum

## Es kommt auf den Ton an

32

Dieser Klang! Man glaubt ja, heute könne man jegliche Töne am Computer erzeugen. Das kommt einem jedoch sehr unsinnlich vor, wenn man die etwa 800 Ausstellungsstücke des Musikinstrumentenmuseums betrachtet und anhört: Orgeln, Cembali, Geigen und andere Streich- und Zupfinstrumente, Flöten und Tröten.

500 Jahre Musikgeschichte – der man im Institut für Musikforschung im selben Haus auf den Grund geht – sind auch eine Geschichte des Erfindungsreichtums und der Spielfreude im doppelten Sinn. Das Prunkstück des Museums ist ein Verbindungsglied zwischen dem Musikinstrumentenbau und dem technischen Zeitalter: der Mighty Wurlitzer, eine riesige Theaterorgel zur Stummfilmbegleitung, der die unglaublichsten Töne entlockt werden können. Sie wird immer samstags nach der Führung gespielt. Auch viele der anderen Instrumente sind spielfertig und zu hören.

**Musikinstrumenten-Museum**
Tiergartenstr. 1/Eingang Ben-Gurion-Str. · Tiergarten · Tel. (0 30) 25 48 11 78 · www.sim.spk-berlin.de · Di–Fr 9–17, Do bis 20, Sa/So 10–17 Uhr · barrierefrei · S/U Potsdamer Platz

Ein Klavier, ein Klavier! Oder vielleicht das Bach-Cembalo? Oder der Mighty Wurlitzer? Danken Sie kontinuierlicher Sammlungsarbeit seit dem 19. Jahrhundert

# 33 Museum für Fotografie

## Ein echtes Blitzlicht

Helmut Newton freute sich darüber, dass seine Stiftung ihr Zuhause im ehemaligen Offizierskasino aus wilhelminischer Zeit direkt am Bahnhof Zoo fand – denn das Haus gehörte zu den letzten Gebäuden, die er sah, als er 1938 aus Berlin floh. Nun gehen hier Ausstellungen aus dem Lebenswerk des weltberühmten Fotokünstlers auf 2 000 Quadratmetern einen beständigen Dialog mit den Werken aus der fotografischen Sammlung der Kunstbibliothek ein. Diese Kombination macht das Haus zu einem Mekka für Fotografiebegeisterte.

Exemplarisch für künstlerische und kommerzielle Fotografie stehen die beiden unteren Etagen, die von der Helmut Newton Foundation bespielt werden. Hier werden die Werke des amerikanischen Fotografen, seiner Frau June, die seit den 1970er-Jahren selbst als Fotografin unter dem Pseudonym Alice Springs arbeitete, und seiner Weggefährten in retrospektiver Breite präsentiert. Eine Ausstellung mit Gegenständen aus Newtons Nachlass ermöglicht darüber hinaus einen sehr persönlichen Zugang zu Werk und Künstler.

Kontrapunkt sind die Auszüge aus der umfangreichen Sammlung zu allen Facetten der Fotografie, die der Kunstbibliothek zugehörig ist. Historische Fotos und künstlerische Bildwerke werden in thematischen Ausstellungen im elegant restaurierten Kaisersaal im Obergeschoss des ehemaligen Offizierskasinos gezeigt. Die Kunstbibliothek besitzt einen immensen Schatz an Bildwerken, die die Geschichte der Fotografie als künstlerisches Medium festhalten.

Gleichzeitig befinden sich aber auch Sammlungen und ganze Nachlässe mit dokumentarischem Charakter in ihrem Bestand. Darunter ist zum Beispiel der Nachlass des Berliner Porträtfotografen Martin Badekow, der in der Vorkriegszeit die darstellenden Künstler rund um den Kurfürstendamm ablichtete.

Teil der Bestände ist auch das Pressebildarchiv von Willy Römer, der in der Zeit der Weimarer Republik sowohl den Alltag in Auftragsarbeiten festhielt, als auch aus privatem Interesse heraus viele Situationen und Berufe für die Nachwelt als Chronist dokumentierte. Dank seiner Aufnahmen ist ein einzigartiges und detailliertes Bild des Berlins dieser Zeit überliefert.

**Museum für Fotografie**
Jebensstr. 2 · Charlottenburg · www.smb.museum · Di–Fr 10–18, Do bis 20 Uhr, Sa/So ab 11 Uhr · barrierefrei · S/U Zoologischer Garten

Bei seiner Flucht 1938 aus Berlin blickte Helmut Newton auf dieses Haus, direkt am Bahnhof Zoo. Heute ist es das Zuhause der Helmut-Newton-Foundation

# 34 Neue Nationalgalerie

## Ikone der Moderne

Direkt am Landwehrkanal schwebt ein Dach über einer weitläufigen Terrasse. Die Neue Nationalgalerie ist das letzte Gebäude von Ludwig Mies van der Rohe, es wurde 1968 kurz vor seinem Tod fertiggestellt. Das Bauwerk am südlichen Ende des von Hans Scharoun entworfenen Kulturforums ist nicht nur ein nüchterner Kontrapunkt zu den schwingenden Scharoun-Bauten, sondern auch eine absolute Ikone der Moderne.

Im einsehbaren Erd- sowie dem weitläufigen Untergeschoss werden Teile der Sammlung moderner Kunst aus den Beständen der Nationalgalerie gezeigt. Der Schwerpunkt liegt auf den Werken der klassischen Moderne bis in die 1970er-Jahre.

Ein wichtiger Teil der Sammlung ist jederzeit zu sehen: Auf der Terrasse werden Großskulpturen präsentiert, zum Beispiel eine Figurengruppe von Alexander Calder, der „Broken Obelisk“ von Barnett Newman, eine Skulptur von Henry Moore, eine von Chillida – weitere befinden sich im Garten des Gebäudes.

Haus ohne Wände – die Neue Nationalgalerie von Ludwig Mies van der Rohe am südlichen Ende des Kulturforums ist eine Ikone der Moderne

Zudem hat sich das Museum als Gastgeber bedeutender Sonderausstellungen zeitgenössischer Kunst einen Namen gemacht. Mit der Schau „Das MoMA in Berlin“ gelang es 2004 sogar, das Schlangestehen in der Hauptstadt zu etwas geradezu Attraktivem zu machen.

Die Sammlung der Neuen Nationalgalerie beginnt mit der Klassischen Moderne. Sie besitzt wichtige Werke des Kubismus, Konstruktivismus, Dada, der Malerei am Bauhaus und der expressionistischen Gruppe „Die Brücke“. Die Kunst der 1950er- und 1960er-Jahre ist mit Beständen der Künstlergruppen COBRA, SPUR und Zero sowie des Informel und des Nouveau Réalisme vertreten. Teil der Sammlung ist auch die amerikanische Farbfeldmalerei etwa von Frank Stella, Ellsworth Kelly, Mark Rothko und Barnett Newman. Nicht zuletzt besitzt die Neue Nationalgalerie umfangreiche Bestände von Kunst aus der DDR.

Darüber hinaus bietet das Museum regelmäßig Künstlerinnen und Künstlern der Gegenwart eine Bühne für die Präsentation ihrer Arbeiten.

**Neue Nationalgalerie**
Potsdamer Str. 50 · Tiergarten · Tel. (0 30) 2 66 42 42 42 · www.smb.museum ·
Di–So 10–18, Do bis 20 Uhr · barrierefrei · Do ab 16 Uhr Eintritt frei
S/U Potsdamer Platz

# 35 Sammlung Scharf-Gerstenberg

## Surreale Welten

Es ist das dritte Haus im Umfeld des Charlottenburger Schlosses, in dem dank privater Sammelleidenschaft das Berliner Publikum in den Genuss großer Kunst kommen darf. Thematisch und zeitbezogen schließt es an die gegenüberliegende Sammlung Berggruen an. Zunächst befristet bis 2028 ist die Sammlung von Großvater Gerstenberg und Enkel Scharf zum Thema Surrealismus samt Vorläufern und Nachfolgern unter dem Dach der Berliner Museen zu sehen.

Es sind großartige Grafiken, begonnen bei Zyklen von Goya und Piranesi bis hin zu Wols. Surreal ist auch die derzeitige Kombination mit monumentalen Elementen ägyptischer Architektur aus den Beständen des Ägyptischen Museums. Das betrifft auch den Kinosaal, in dem einmal monatlich ein surrealistischer Filmabend stattfindet.

**Café Kunstpause**
Im modernen Glasanbau des Museums · Di–So 10–18 Uhr

**Sammlung Scharf-Gerstenberg**
Schloßstr. 70 · Charlottenburg · Tel. (0 30) 32 69 06 00 · www.smb.museum · Di–Fr 10–18, Sa/So 11–18 Uhr · barrierefrei · U Sophie-Charlotte-Platz

Hier trügt der Schein. Sein surreales Innenleben sieht man dem klassizistischen Bau jedenfalls nicht an

# Tchoban Foundation

## Perle am Pfefferberg

36

Eines der jüngsten Museen in Berlin beeindruckt durch konzeptionelle Geschlossenheit und große Eleganz: Die Tchoban Foundation präsentiert Zeichnungen von Architekten und setzt sie in den Kontext des jeweiligen Gesamtwerks.

Zu diesem Zweck errichtete die Stiftung eigens das direkt auf dem Gelände des Pfefferbergs gelegene Gebäude. Es nimmt die Form aufeinandergestapelter (Zeichnungs-) Schubladen auf. Die Fassade ist mit Reliefen von Architekturzeichnungen geschmückt, im Innern findet man gedämpfte Kabinette. Entworfen hat den Bau das Büro des Stiftungsgründers Sergej Tchoban selbst.

Die Ausstellung möchte das Augenmerk auf die Handzeichnung als wertvolle Erfahrung im digitalen Zeitalter lenken. Neben rein planerischen und technischen Aspekten legen die Exponate auch die inneren Welten, de Vorstellungen und Visionen der Zeichnerinnen und Zeichner frei.

**Tchoban Foundation – Museum für Architekturzeichnung**
Christinenstr. 18a · Prenzlauer Berg · Tel. (0 30) 43 73 90 90 · www.tchoban-foundation.de · Mo–Fr 14–19, Sa/So 13–17 Uhr · barrierefrei · U Senefelder Platz

Architekturzeichnungen außen wie innen: Die Tchoban-Foundation lenkt den Blick auf das zeichnerische Können großer Architekten

# 37 Urban Nation – Museum for Urban Contemporary Art

## Im Haus und am Haus

Ein Merkmal jeglicher Zeitgenossenschaft ist es, Konzepte anders und neu zu denken. So auch das Urban Nation Museum: Die Ausstellung befindet sich bereits außen am Haus und reicht in den Stadtraum hinein. Im Haus dagegen sieht es aus wie draußen. Und: Hier wohnen Leute.

Da sich das Kunstmuseum der Streetart widmet, den Graffiti und den Murals, passt es gut, dass die Museumsfassade Teil der Ausstellungsfläche ist und regelmäßig neu mitgestaltet wird. Im Inneren wurden zwei Stockwerke verbunden, Stege ermöglichen unterschiedliche Annäherungen an die Kunstwände und Asphalt sorgt für Street-Flair. Unter dem Dach wohnen Künstlerinnen und Künstler, denn zum Museumskonzept gehört ein Residenzstipendium. Jeweils ein Jahr lang leben und arbeiten hier ein Dutzend internationale urban artists, deren Werke auch an Gebäuden in der Nachbarschaft umgesetzt werden.

**Urban Nation Museum for Urban Contemporary Art**
Bülowstr. 7 · Tiergarten · www.urban-nation.com ·
Di/Mi 10–18, Do–So 12–20 Uhr · barrierefrei · Eintritt frei · U Bülowstraße

Das Museum ist der flüchtigen und vergänglichen Kunst der Straße – der Urban Art – gewidmet sowie der Geschichte dieser weltweiten künstlerischen Bewegung

# Zille Museum

## Zille sein Milljöh

38

Heinrich Zilles schwungvolle Zeichnungen zeigen pausbäckige Figuren, denen der „Pinselheinrich" genannte Künstler die berlinischsten Worte in den Mund legte. Sie porträtieren warmherzig aber durchaus sozialkritisch das Treiben in den Hinterhöfen und Straßen. Damit wurde Zille (1858–1929) zu einem der bekanntesten Botschafter des Berliner Lebens.

Seine Zeichnungen und sein fotografisches Werk erfreuen sich großer Beliebtheit, so groß gar, dass dieses Museum aus einer reinen Privatinitiative entstanden ist und ehrenamtlich betrieben wird. Es zeigt eine Dauerausstellung zum Leben und Werk Zilles.

Dem Künstler selbst kann man quasi nebenan nahe kommen: Er verkehrte im Gasthaus Zum Nussbaum. Das Haus, das heute mitten im Nikolaiviertel historischen Charme versprüht, ist allerdings eine Kopie, das Original stand an einem anderen Ort und wurde im Zweiten Weltkrieg zerstört.

**Zille Museum**
Propststr. 11 · Mitte · Tel. (0 30) 24 63 25 00 · http://zillemuseum-berlin.com · Di–So 11–18 Uhr · barrierefrei · U Rotes Rathaus

Die Marotten, den Witz und auch den beschwerlichen Alltag seiner Berliner Zeitgenossen fing Heinrich Zille wie kein anderer mit dem Zeichenstift ein

# Geschichte

# AlliiertenMuseum

## Der Beginn einer wunderbaren Freundschaft

39

Am historischen Ort – einem ehemaligen Filmtheater und einer Bibliothek der Amerikaner – geht es um die Präsenz der Westmächte im Nachkriegsberlin und ihre Auseinandersetzung mit der Sowjetunion. Themen sind die Luftbrücke, die Bedeutung der Stützpunkte im Kalten Krieg und der Aufbau der westdeutschen Nachkriegsgesellschaft unter dem Schirm der Besatzungsmächte.

Das Museum stellt Originaldokumente, Fotografien, Alltagsgegenstände und auch einige spektakuläre historische Objekte aus: Auf dem Freigelände beeindrucken eine Hastings TG 503, ein Flugzeug der Luftbrücke, das auch begehbar ist. Ferner ein Waggon der französischen Eisenbahn, die Fassade des Wachhäuschens vom Checkpoint Charlie. Zudem ein sieben Meter langes Segment des Berliner Spionagetunnels, mit dessen Hilfe der amerikanische und der britische Geheimdienst Ost-Telefone anzapfte.

**AlliiertenMuseum**
Clayallee 135 · Zehlendorf · Tel. (0 30) 8 18 19 90 · www.alliiertenmuseum.de · tgl. (außer Mo) 10–18 Uhr · barrierefrei, Führungen für besondere Bedürfnisse · Eintritt frei · U Oskar-Helene-Heim

Hinter dem ehemaligen Soldatenkino „Outpost" ragt die Schnauze der Hastings TG 503 hervor

# 40 Anne Frank Zentrum

## Hinterhaus ist überall

Mit der inneren Stimme Anne Franks, ergo mit der Lektüre des Tagebuchs, begibt man sich gemeinsam mit dem jüdischen Mädchen in die Enge des beschriebenen Amsterdamer Hinterhauses. Hier versteckte sie sich von 1942 bis 1944 zusammen mit ihrer Familie vor den Nationalsozialisten. Die Willkür und Sinnlosigkeit jeglicher Rassendiskriminierung lässt sich so quasi an der eigenen Seele erfühlen und verstehen.

Das Tagebuch der Anne Frank ist ein Botschafter aller Verfolgten schlechthin. Es steht im Mittelpunkt dieser Ausstellung zu Anne Franks Leben und dem Grauen, das sie erfahren musste. Die interaktive Ausstellung berührt aber auch die Gegenwart, beschäftigt sich mit Fragen der Identität von Jugendlichen und setzt sie in Verbindung zu aktuellen politischen Ereignissen. Das Anne Frank Zentrum befindet sich in direkter Nachbarschaft zur Blindenwerkstatt Otto Weidt, heute ebenfalls ein Museum (▸ Seite 88).

**Anne Frank Zentrum**
Rosenthaler Str. 39 · Mitte · Tel. (0 30) 2 88 86 56 10 · www.annefrank.de ·
Di–So 10–18 Uhr · rollstuhlgerecht, viele inklusive Angebote · S Hackescher Markt

Die Ausstellung erzählt die Lebensgeschichte Anne Franks und informiert über die Zeit, in der sie gelebt hat

# Berlin Story Bunker und Museum

41

## Geschichte erklären, Geschichte verstehen

Der Bunker wurde im Zweiten Weltkrieg als Luftschutzbunker für die Angestellten und Reisenden des Anhalter Bahnhofs erbaut. Während der Luftangriffe drängten sich hier bis zu 12 000 Menschen! So einen Raum von innen zu erleben, ist ein beklemmendes Erlebnis.

Noch beklemmender wird es in der Ausstellung *Hitler – Wie konnte es geschehen*, die großen und kleinen Besuchern erklärt, wie sich die junge Demokratie der Weimarer Republik zur finstersten Diktatur der deutschen Geschichte entwickeln konnte.

Und dann gibt es auch noch das 1968 Museum, das einen historischen Abriss der deutschen Geschichte seit dem Mauerfall präsentiert. Hinter dem Museum stecken ein umtriebiger Journalist und ein fleißiger Verleger – im zugehörigen Verlag sind bereits 200 Bücher zur Berliner Stadtgeschichte erschienen.

Beide Ausstellungen arbeiten mit viel Text – unbedingt Zeit zum Lesen einplanen!

**Berlin Story Bunker**
Schöneberger Str. 23a · Mitte · Tel. (0 30) 26 55 55 46 · www.berlinstory.de · tgl. 10–19 Uhr · S Anhalter Bahnhof

Der ehemalige Luftschutzbunker für die Angestellten und Reisenden des nahegelegenen Anhalter Bahnhofs dient heute als authentischer Ausstellungsraum

# 42 Berliner Unterwelten-Museum

## Vier Etagen unter Tage

Der Verein Berliner Unterwelten führt durch abenteuerlichsten Orte der Hauptstadt: ihre Bunker und Katakomben. Seit über 25 Jahren erforschen die Vereinsmitglieder die im Untergrund verborgenen Relikte. In geführten Touren geht es beispielsweise zum Flakturm in den Humboldthain oder in den AEG-Tunnel.

Die Tour mit der Nummer eins jedoch führt in das Berliner Unterwelten-Museum, das auch nur so zu erreichen ist. Es ist ein bisschen wie bei Harry Potter: Zwar führt hier nicht ein beherzter Sprung gegen eine Wand zum versteckten Bahnsteig, aber es gilt am Bahnhof Gesundbrunnen eine kleine grüne Tür zu finden, hinter der es vier Etagen in die Tiefe geht – und emotional in eine andere Zeit.

So ist dieses Museum alles andere als barrierefrei und wird von den Betreibern erst für Jugendliche empfohlen, die das Teenageralter erreicht haben. Der Aufenthalt in den Luftschutzbunker-Räumen allein ist schon eine Herausforderung. Und

Eine Tour durch die Berliner Unterwelten ist hochspannend, aber besser zu ertragen mit dem Wissen, dass man bald wieder das Tageslicht erblickt

wenn Räume und Funktion des Bauwerks erklärt werden, steckt man ja schon mittendrin im Thema Bombenkrieg. Zu den Ausstellungsstücken gehören auch Objekte aus anderen Bunkern sowie Kriegsschrott und Bodenfunde – Hinterlassenschaften des Zweiten Weltkrieges. In dem Zusammenhang geht es auch um Kriegsfolgen wie Enttrümmerung sowie um Zwangsarbeit.

Und wo man schon mal hier unten ist, kann man sich auch noch weiteren Protagonisten des Berliner Untergrunds widmen wie der Berliner Rohrpost, Brauereikellern oder dem Abwassersystem.

Eine besondere Abteilung des Museums zeigt die Dauerausstellung „Mythos Germania", die auch ohne Führung zu besichtigen ist. In der multimedialen Ausstellung geht es um die städtebaulichen Planungen für Berlin von Hitlers Chefarchitekten Albert Speer. Monumentalgebäude von enormen Dimensionen sollten den Machtanspruch des NS-Systems demonstrieren.

**Berliner Unterwelten-Museum**
Brunnenstr. 105 · Wedding · Tel. (0 30) 49 91 05 18 · www.berliner-unterwelten.de ·
Tickets im Pavillon neben dem südlichen Eingang zum U-Bahnhof Gesundbrunnen
Ausstellung Mythos Germania: Sa 11–17 Uhr · nicht barrierefrei · S/U Gesundbrunnen

# 43 Cold War Museum

## Museum 4.0

Kalter Krieg – so nannte man bekanntlich den Konflikt zwischen den Westmächten und der Sowjetunion, zwischen den politischen Systemen des Kapitalismus und des Kommunismus. Er dauerte ein halbes Jahrhundert und verursachte alltäglich Drohgebärden und Schlagzeilen sowie ganz realen Krieg an Nebenschauplätzen. Man hätte ja gedacht, dass es damit längst vorbei sei, aber leider ist der Ost-West-Konflikt ja nun wieder bittere Realität.

Zeit also, unseren Heranwachsenden zu erklären, woher der politische Graben stammt, dessen militärische und blutige Folgen derzeit so sichtbar sind. Das zu erklären, ist komplex.

Im Cold-War-Museum findet es an interaktiven Bildschirmen statt und per virtueller Zeitreise: Es gibt VR-Brillen, mittels derer zum Beispiel der historische Sprung über den Stacheldraht miterlebt werden kann.

**Cold War Museum Berlin**
Unter den Linden 14 · Mitte · Tel. (0 30) 20 67 35 86 21 · www.coldwarmuseum.de · tgl. 10–20 Uhr · S/U Friedrichstraße / S/U Brandenburger Tor

Kalter Krieg im All: Die Anzüge eines Astronauten und eines Kosmonauten (links)

# DDR Museum

## Mehr als N(O)stalgie

**44**

Direkt gegenüber vom Dom ist der DDR-Alltag in Schubladen und Schrankfächer geräumt worden: Im DDR Museum darf man alles anfassen und aufmachen und findet jede Menge DDR-Nostalgie in Schränken und Vitrinen. Produkte und Alltagsbilder von der Fernsehzeitschrift bis zum Ostseeurlaub erinnern an ein vergangenes Land. Außerdem ist Probesitzen inklusive: Eine Modellwohnung ist aufgebaut. Ja, es ist lustig, im Trabi-Fahrsimulator zu fahren und „Winkelemente“ per Kurbel zum Wedeln zu bringen.

Im zweiten Teil der Ausstellung, der sich der politischen Drangsalierung durch Bespitzelung und Inhaftierung widmet, wirkt es dann eher beklemmend, wenn die Diktatorenpuppen auf Knopfdruck die Faust heben.

**Museumsshop**

DDR- Flair für zu Hause: Pittiplatsch in Plüsch, Gesellschaftsspiele und Spreewaldgurken – teilweise auch im Onlineshop.

**DDR Museum**

Karl-Liebknecht-Str. 1 · Mitte · Tel. (0 30) 8 47 12 37 31 · www.ddr-museum.de · tgl. 9–21 Uhr · nach Anruf barrierefrei · S Hackescher Markt / U Museumsinsel

Gemütlichkeit kennt keine Grenze: Nachbau eines typischen DDR-Wohnzimmers

# 45 Deutsches Historisches Museum (DHM)

## Klassischer Publikumsmagnet

Es ist eines der meistbesuchten Museen Berlins: Im Deutschen Historischen Museum ermöglichen tausende Exponate einen Rundgang durch fast 2000 Jahre deutsche Geschichte – von Gemälden und Uniformen über Waffen und Urkunden bis hin zu wissenschaftlichen Instrumenten.

Das Deutsche Historische Museum wurde anlässlich der Wiedervereinigung gemeinsam von Bund und Land gegründet. Sein Bestand umfasst etwa eine Million Dokumente und Objekte, die Auskunft über die deutsche Geschichte geben. Das größte Ausstellungsobjekt ist dabei das historische Zeughaus selbst. Der fast quadratische Bau mit weitläufigem Lichthof im Inneren wurde im 18. Jahrhundert als Waffenarsenal erbaut. Davon, nämlich von der „Kriegskunst", erzählen auch die Skulpturen an der Außenseite des Hauses, die auf Andreas Schlüter zurückgehen – er war einer der vielen Baumeister, die am Zeughaus mitarbeiteten. Typisch Berlin, könnte man heute sagen: Planungsfehler und eine Pannenserie dehnten die Bauzeit auf 35 Jahre aus.

Nur fünf Jahre hingegen dauerte die Errichtung des lichten Neubaus hinter dem Zeughaus. Der Architekt I. M. Pei hat zum Beispiel auch den Ergänzungsbau des Louvre mit den gläsernen Pyramiden im Innenhof entworfen. Für das DHM baute er einen Flügel mit großen Ausstellungshallen auf drei Ebenen, die durch ein verglastes Treppenhaus miteinander verbunden sind. Hier werden die sehenswerten Sonderausstellungen realisiert, die einzelne, geschichtliche Aspekte aufgreifen und auch künstlerische Standpunkte zu Politik und Gesellschaft verdeutlichen.

Dieser Museumsteil bleibt geöffnet, während das Zeughaus derzeit saniert wird. Dabei wird auch die Dauerausstellung modernisiert, internationale Zusammenhänge werden mehr Raum bekommen und die inklusiven Angebote erweitert. Die Wiedereröffnung ist für 2026 geplant.

**Zeughauskino**

Das Zeughauskino zeigt allabendlich Filme aus der Sammlung mit Darstellungen deutscher Geschichte, die einen historischen Blick erlauben oder einen kritischen verdienen · Programm unter www.dhm.de/zeughauskino

**Deutsches Historisches Museum**

Unter den Linden 2 · Mitte · Tel. (0 30) 20 30 44 44 · www.dhm.de · Pei-Bau tgl. 10–18, Do bis 20 Uhr, Zeughaus bis voraussichtlich 2026 geschlossen · barrierefei, inklusive Angebote · U Museumsinsel

Der moderne Museumsanbau des Architekten I. M. Pei kontrastiert spannungsreich mit dem alten Berliner Zeughaus aus dem 18. Jahrhundert

# 46 Dokumentationszentrum Flucht, Vertreibung, Versöhnung

## Leider ein Dauerthema

Administrativ ist diese Einrichtung beim Deutschen Historischen Museum angeseidelt (▸ Seite 70). Sie lädt auf mehreren Etagen dazu ein, vor allem das 20. Jahrhundert unter dem Gesichtspunkt der Migrationsbewegungen zu betrachten – analytisch hinsichtlich der politischen Ursachen, empathisch, was die Lebensgeschichten der Betroffenen angeht.

Dass hier ein hochsensibles Thema verhandelt wird, davon zeugt bereits die Geschichte dieses Zentrums bis zu seiner Eröffnung 2021. Es befindet sich im historischen Deutschlandhaus am Anhalter Bahnhof, das in den frühen 1930er-Jahren als modernes urbanes Einkaufs- und Freizeitzentrum erbaut wurde und Teil des benachbarten Ensembles Europahaus war. In der Nachkriegszeit beherbergte das Haus die Vertriebenenverbände der aus den ehemals deutschen Ostgebieten Vertriebenen und war auch Anlaufstelle für Geflüchtete aus der DDR. Nachdem der Bundestag die Neukonzeption als museales Dokumentationszentrum und Ort der Versöhnung beschlossen hatte, war auch die Organisation der Zuständigkeiten ein Streitfall und damit exemplarisch für das Thema: Die Schuldfrage, die Heimatfrage, der Schmerz – wo Leben verletzt werden, gibt es keine einfachen Antworten.

Die Flucht- und Migrationsbewegungen des 20. Jahrhunderts stehen im Vordergrund, doch die Ausstellung macht nicht Halt vor der aktuellen Fluchtthematik

Die denkmalgeschützte, expressionistische Fassade mit den roten Sandstein-Elementen wurde erhalten. Dahinter öffnet sich ein hochmoderner Neubau, viel Sichtbeton, viel Durchblick in den Stadtraum. Die Dauerausstellung zeichnet vorwiegend die europäischen Fluchtbewegungen des 20. Jahrhunderts nach und natürlich die verursachenden Kriege, zeigt Landkarten, Propagandamaterial und Gegenstände, die Menschen auf ihrer Flucht begleitet haben. Die von den beiden Weltkriegen und speziell von Deutschland verursachten, dramatischen Fluchtbewegungen werden ebenso dargestellt wie die Migrationen der Nachkriegszeit, als Europa neu geordnet und der deutsche Staat verkleinert wurde.

Themenschwerpunkte sind die erschöpfenden Reisen, die Ankunft am neuen Ort und die andauernden Schwierigkeiten der Integration.

Ein wichtiger Bestandteil des Zentrums ist das Archiv, in dem neben Dokumenten und umfangreichen Archivalien auch schriftliche und mündlich erzählte Fluchtgeschichten gesammelt und im Lesesaal sowie an Medienstationen zugänglich gemacht werden.

**Margarete**
Mokka Express und Deli im Erdgeschoss des Deutschlandhauses · tgl. 9–18 Uhr · www.margarete-berlin.de

**Dokumentationszentrum Flucht, Vertreibung, Versöhnung**
Stresemannstr. 90 · Kreuzberg · Di–So 10–19 Uhr · www.flucht-vertreibung-versoehnung.de · barrierefrei, inklusive Angebote · Eintritt frei · S Anhalter Bahnhof

Mit viel Empathie werden individuelle Schicksale dargestellt

# 47 Dokumentationszentrum NS-Zwangsarbeit

## Hier durfte Albert Speer mal bauen …

… und das Ergebnis ist wenig monumental, sondern vielmehr niederschmetternd: Das Zwangsarbeiterlager in Schöneweide, errichtet nach den Plänen von Adolf Hitlers Generalbauinspektor, bestand ursprünglich aus 14 einstöckigen Baracken, in denen rund 2000 Arbeiter lebten. Es ist das letzte erhaltene von ehemals bis zu 3000 solcher Lager im Berliner Stadtraum während des Zweiten Weltkriegs und gehört heute zur Stiftung Topographie des Terrors.

Eine Dauerausstellung widmet sich der Geschichte der Zwangsarbeit als Massenphänomen, dem konkreten Alltag der internierten und ausgebeuteten Männer, Frauen und Kinder sowie ihren deutschen Peinigern. In der Unterkunft „Baracke 13" sind Baudetails und die Inschriften italienischer Insassen zu sehen. Dem besonderen Kapitel der italienischen Internierten widmet sich eine weitere Dauerausstellung. Dazu kommen Sonderausstellungen und Online-Ressourcen.

**Dokumentationszentrum NS-Zwangsarbeit**
Britzer Str. 5 · Schöneweide · www.dz-ns-zwangsarbeit.de · Di–So 10–18 Uhr · barrierefrei · Eintritt frei · S Schöneweide

Zwangsarbeiterinnen und Zwangsarbeiter bekommen in der Dauerausstellung „Alltag Zwangsarbeit 1938 -1945" ein Gesicht und werden mit ihren Biografien vorgestellt

# Gedenkort SA-Gefängnis Papestraße

48

## Im Keller der SA

Es ging sofort los: Ende Januar 1933 wurde Hitler zum Reichskanzler ernannt, ab März gab es das SA-Gefängnis im Keller eines Kasernengebäudes auf dem Militärgelände am Bahnhof Papestraße (heute Bahnhof Südkreuz). Bis Dezember desselben Jahres wurden hier an die 2 000 echte oder vermeintliche Regimekritiker inhaftiert und gefoltert, etwa dreißig starben an den Folgen.

Die vorhandenen Spuren wurden in den letzten Jahren gesichert, mit Berichten ehemaliger Häftlinge abgeglichen und durch eine informative Ausstellung sichtbar gemacht. Ein ausgeschilderter Geschichtsparcours auf dem Gelände erläutert die Nutzung der Gebäude mit Fotografien und Infotexten. Er führt bis zum Schwerbelastungskörper, einem 12 000 Tonnen schweren Betonklotz an der Ecke General-Pape-Straße/Loewenhardtdamm, mit dem Albert Speer erprobte, ob der Grund seine für die „Welthauptstadt Germania" geplanten Monumentalbauten statisch überhaupt tragen würde.

**Gedenkort SA-Gefängnis Papestraße**
Werner-Voß-Damm 54a · Tempelhof · Tel. (0 30) 9 02 77 61 63 · www.gedenkort-papestrasse.de · Di–Do und Sa/So 13–18 Uhr · barrierefrei · Eintritt frei · S Südkreuz

Spurensuche im Folterkeller: Behutsam wurde die Dokumentation über die Betroffenen vor Ort integriert

# 49 Gedenkstätte Berlin-Hohenschönhausen

## Zeitzeugengespräche

Diesen Ort fand man auf keinem Stadtplan der DDR: ein Sperrbezirk, in dem sich diverse Einrichtungen des Ministeriums für Staatssicherheit befanden, darunter das Untersuchungsgefängnis, das heute im Zentrum der Gedenkstätte steht. In Führungen, die zum Großteil von Zeitzeugen durchgeführt werden, sind sowohl der Zellentrakt als auch die Vernehmungsräume zugänglich (nicht barrierefrei). Die Eindrücke ergänzt eine Dauerausstellung mit umfangreichen Informationen über das Gefängnis und das System der staatlichen Überwachung der DDR.

Rund 11 000 politisch Verfolgte waren an diesem Ort inhaftiert, darunter viele bekannte DDR-Oppositionelle. Das Gespräch mit den ehemals Betroffenen eröffnet eine einzigartige und berührende Nahsicht auf die Verhörmethoden, Repressalien und Skrupellosigkeit der Stasi.

**Buchladen '89**
Mit Schwerpunkt Geschichte der DDR und Cafeteria · Tel. (030) 9 86 08 25 07

**Gedenkstätte Berlin-Hohenschönhausen**
Genslerstr. 66 · Lichtenberg · Tel. (0 30) 98 60 82 30 · www.stiftung-hsh.de · tgl. 9–18 Uhr · Dauerausstellung barrierefrei · Eintritt frei · Tram M5 Freienwalder Straße

Die Führungen an diesem düsteren Ort, an dem DDR-Gegner inhaftiert waren, werden meist von Zeitzeugen durchgeführt

# Gedenkstätte Berliner Mauer

## Freilichtmuseum mit Tiefgang

50

Von 1961 bis 1989 teilte die Berliner Mauer die Stadt und das Land. Das Gedenkstätten-Ensemble links und rechts der Bernauer Straße ist also historisches Denkmal und Informationsort zugleich. Der einzig wirklich erhaltene Grenzstreifen ist auf künstlerisch-architektonische Weise mit Cortenstahl-Elementen erweitert worden. Ausgrabungen, die „Kapelle der Versöhnung" und das „Fenster des Gedenkens" ergänzen die Grenzerfahrung. Eine Aussichtsplattform gibt einen Überblick über das gesamte Areal.

Andererseits geht es in die Tiefe: Der Ausstellungsteil „Geisterbahnhöfe" im Nordbahnhof beschäftigt sich unter Tage mit den Sperrungen von S-und U-Bahn sowie Fluchtversuchen durch die Tunnel. Auf Straßenebene schließlich befindet sich das Dokumentationszentrum. Es bietet Einführung und Rückblick via Film und ist Veranstaltungsort.

**Gedenkstätte Berliner Mauer**
Bernauer Str. 111 · Mitte · Tel. (0 30) 4 67 98 66 66 · www.berliner-mauer-gedenkstaette.de · tgl. 8–22 Uhr · Dokumentationszentrum: Di–So 10–18 Uhr · barrierefrei · Eintritt frei · S Nordbahnhof

Die rostroten Stahlstangen rechts kennzeichnen den Verlauf der Berliner Mauer. Anstelle der 1985 gesprengten Versöhnungskirche steht heute die Kapelle der Versöhnung

# 51 Gedenkstätten Deutscher Widerstand und Stille Helden

## Netzwerke und Einzelkämpfer

Zwei Gedenkstätten in einer. Der Bendlerblock, in dem sich der Berliner Dienstsitz des Bundesverteidigungsministeriums befindet, war zur Zeit des Nationalsozialismus Sitz des Heeresamtes. Hier formierte sich die Widerstandsgruppe aus Offizieren rund um den Grafen von Stauffenberg, die mit ihrem Sprengstoffanschlag auf Hitler am 20. Juli 1944 scheiterte. In der Konsequenz wurden die Anführer der Bewegung hier im Ehrenhof hingerichtet.

In der Gedenkstätte Deutscher Widerstand im Ostflügel des Gebäudes werden in einer ausführlichen Ausstellung die obigen, aber auch viele andere Protagonisten des Widerstands gegen das nationalsozialistische Regime vorstellt, darunter die Arbeiterbewegung, der Kreisauer Kreis, die Weiße Rose oder die Rote Kapelle. In der Gedenkstätte Stille Helden werden jene Menschen porträtiert, die Juden versteckten und ihnen zur Flucht verhalfen.

**Gedenkstätte Deutscher Widerstand und Gedenkstätte Stille Helden**
Stauffenbergstr. 13–14 · Eingang über den Ehrenhof · Mitte · Tel. (0 30) 26 99 50 00 · www.gdw-berlin.de und www.gedenkstaette-stille-helden.de · Mo–Fr 9–18, Sa/So 10–18 Uhr · barrierefrei · Eintritt frei · S/U Potsdamer Platz

Der Widerstand gegen das NS-Regime kennt viele Einzelschicksale und wenig Erfolg – die Gedenkstätte gibt den Akteuren ein Gesicht

# Gedenkstätte Köpenicker Blutwoche

52

## Wo Nachbarn Nachbarn mordeten

Direkt am Tatort setzt sich Köpenick mit beklemmenden Ereignissen seiner Geschichte auseinander. Gleich zu Beginn des Naziregimes, Ende Juni 1933, fielen hier Nachbarn übereinander her.

Im ehemaligen Gefängnis des Amtsgerichts erinnert die Gedenkstätte an die Geschehnisse vor Ort: In jener Woche wurde das Gebäude durch die SA beschlagnahmt, um hunderte Gegner des Nationalsozialismus einzusperren, zu foltern und zu ermorden. Im Betsaal, in dem damals unfassbare Grausamkeiten geschahen, wird mit Fotos und Biografien der Opfer gedacht. Im Zellentrakt erinnert eine Ausstellung an den Köpenicker Widerstand gegen den Nationalsozialismus – und auch an das Nachspiel: 1950 zog das Landgericht Ost-Berlin 57 SA-Mitglieder für ihre Taten zur Rechenschaft. Ein Audiowalk mit Stadtplan auf der Webseite erweitert die Gedenkstätte in den Außenraum.

**Gedenkstätte Köpenicker Blutwoche**
Eingang: Puchanstr. 12 · Köpenick · Tel. (0 30) 9 02 97 33 50 · www.gedenkstaette-koepenicker-blutwoche.org · Do 10–18, So 14–18 Uhr · nicht barrierefrei · Eintritt frei · S Köpenick

Eskalation der Gewalt: Im damaligen Gefängnis des Köpenicker Amtsgerichts folterte und mordete die SA jüdische Menschen und politisch Unerwünschte

# 53 Haus der Wannsee-Konferenz

## Finsternis in strahlender Kulisse

Der Ausflug führt nach Wannsee in eines der prächtigsten Häuser der ehemaligen Villenkolonie Alsen. Am Ufer gegenüber liegt das berühmte Strandbad, hinter dem Haus erstreckt sich der denkmalgeschützte Park Marlier. Auch im Winter 1942 war dieser Ort schon so schön. Damals trafen sich hier führende Vertreter der SS, der NSDAP und verschiedener Reichsministerien. Neunzig Minuten lang besprachen sie kaltblütig die Kooperation bei der geplanten Deportation und Ermordung der europäischen Juden.

Heute ist das Gebäude ein museales Ort und eine Gedenkstätte, die es ermöglicht, sich intensiv mit der deutschen Geschichte auseinanderzusetzen. In einer modernen Ausstellungsarchitektur mit interaktiven Elementen wird die Vorgeschichte und die erschreckende Stringenz der nationalsozialistischen Verbrechen aufgeschlüsselt. Die Ausstellung ist auch online zu besuchen.

**Haus der Wannsee-Konferenz**
Am Großen Wannsee 56–58 · Wannsee · Tel. (0 30) 217 99 86-00 · www.ghwk.de · tgl. (außer Fei) 10–18 Uhr · barrierefrei und inklusive Angebote · Eintritt frei · S Wannsee und Bus 114 Haus der Wannsee-Konferenz

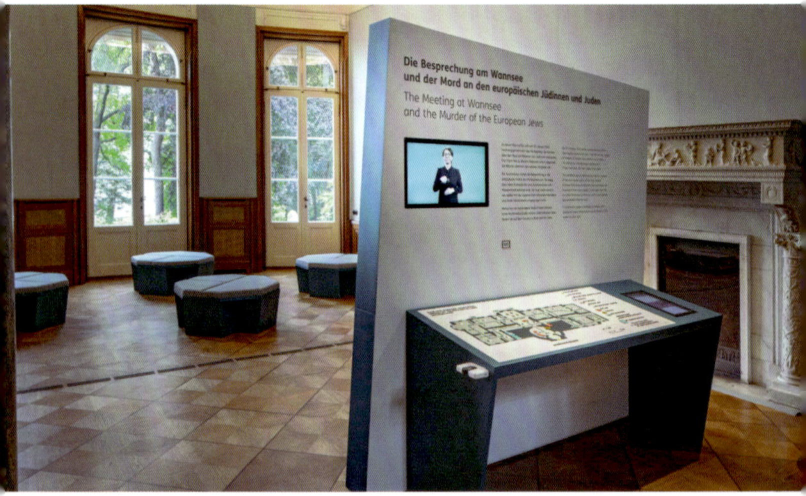


Kaltblütig und effizient: In dieser Villa wurde die Durchführung des Holocaust geplant. Zu sehen ist die Einführung in die moderne und interaktive Ausstellung

# Hugenottenmuseum

## Résister!

54

Die neue Dauerausstellung im Französischen Dom zeichnet die Entwicklung des französischen Protestantismus nach und beleuchtet die Schicksale und Taten der rund 20 000 französischen Glaubensflüchtlinge, die nach dem Edikt von Potsdam 1685 in Berlin und der Mark Brandenburg siedelten. Die gut gebildeten Neuankömmlinge prägten die gesellschaftliche Entwicklung des ganzen Landstrichs. Davon zeugen Urkunden, Gemälde, Stiche, Bücher, Handschriften und Medaillen.

Im Hintergrund erklingt stündlich aus dem Turm ein Carillon mit 60 Glocken. Der Aufstieg bietet eine tolle Aussicht über Mitte (Extra-Tickets an der Kasse). Während den repräsentativen Dom samt Turm Friedrich der Große stiftete, errichteten die Hugenotten ihrerseits die angrenzende Friedrichstadtkirche.

**Hugo & Notte**
Restaurant im Französischen Dom · Di-So 12–22 Uhr · www.hugo-und-notte.de

**Französischer Dom – Hugenottenmuseum**
Gendarmenmarkt · Mitte · Tel. (0 30) 2 29 17 60 · www.hugenottenmuseum-berlin.de · Di–So 11.30–16.30 Uhr · weitgehend barrierefrei · U Stadtmitte

Die Wandkachel zeigt das Hugenottenkreuz

# 55 Jüdisches Museum

## Spannend wie emotional

Es ist ganz schön viel und vieles davon ist emotional kaum zu ertragen: Diese beiden Aspekte der Geschichte des jüdischen Lebens spiegelt die umfangreiche Ausstellung des Jüdischen Museums wider.

Die Museumsarchitektur unterstreicht diese Erfahrung besonders. Stararchitekt Daniel Libeskind hat den barocken Bestand des Kommandantenhauses durch einen dekonstruktivistischen Neubau ergänzt und damit ein einzigartiges, erlebbares Erinnerungszentrum geschaffen. Schon von außen wird sichtbar: Die Tradition jüdischen Lebens ist alt – und die Moderne ist ihr zugestoßen. Die Architektur des zickzackförmigen Gebäudes vermittelt Bewegung und Bewegtheit, eine schimmernde Metallfassade, ungewöhnlich geformte Fenster, viele spitze Winkel, geneigte Böden, roher Beton.

Auf der gegenüberliegenden Seite der Lindenstraße wurde ein zweiter Libeskind-Entwurf in die ehemalige Blumengroßmarkthalle hineingebaut, um die „Akademie" mit Bibliothek und Forschungszentrum unterzubringen.

Die reiche Sammlung der Dauerausstellung dokumentiert die politischen Entwicklungen und Katastrophen, aber auch alltägliches, jüdisches Leben in Deutschland im Wandel der Zeit. Der Schwerpunkt liegt auf den Höhe- und Tiefpunkten der Beziehungen zwischen Juden und Nicht-Juden in Deutschland. Das Museum ist das größte seiner Art in Europa – der Parcours über zwei Jahrtausende deutsch-jüdische Geschichte erfordert Museumskondition Auch emotional wird man gefordert, durch Räume und Orte, die die Ausgrenzung und Bedrohung der jüdischen Bevölkerung in konkrete Raumempfindungen übersetzen und spürbar machen. Ein Beispiel dafür ist der „Garten der Erinnerung", der Orientierungslosigkeit erzeugt. Erholung bieten die weitläufigen Grünanlagen.

Sehenswerte Sonderausstellungen, unter anderem zeitgenössischer Kunst, ergänzen die Sammlungen.

**Café Lina**
Israelische Küche, aber nicht koscher, Sitzplätze im Glashof und im Museumsgarten · tgl. 10–17 Uhr · www.esskultur-berlin.de

**Jüdisches Museum**
Lindenstr. 9–14 · Kreuzberg · Tel. (0 30) 25 99 33 00 · www.jmberlin.de · tgl. 10–19 Uhr · barrierefrei · Eintritt Dauerausstellung frei · U Hallesches Tor

**Kindermuseum ANOHA**
Im Akademiegebäude · www.anoha.de · Di–Fr 9–16, Sa/So 10–17 Uhr · Eintritt frei

Diese Museumsarchitektur macht Erfahrungen jüdischen Lebens wie Bedrohung oder Einengung nahezu körperlich spürbar. Die Lichtprojektion führt zur Dauerausstellung

# 56 Mauermuseum – Haus am Checkpoint Charlie

## Labyrinth der Unterdrückung

Die Berliner Mauer stand von 1961 bis 1989 und war in dieser Zeit nicht nur das Symbol des Kalten Kriegs schlechthin, sondern vor allem eine – beinahe – unüberwindbare Gefängnisarchitektur für die Menschen in der DDR. Quasi seit dem Bestehen der Mauer existiert auch das Mauermuseum, denn sein Gründer Rainer Hildebrandt hatte es sich zur Aufgabe gemacht, durch die Information über Grenze und Grenzanlage vor Ort auf deren Unmenschlichkeit aufmerksam zu machen. Das Museum selbst ist also auch ein beinahe historischer Ort der politischen Kritik. Seit 1963 befindet es sich im Haus direkt am Checkpoint Charlie, dem ehemaligen Grenzübergang zwischen dem amerikanischen Sektor und Ostberlin.

155 Kilometer lang war der Ring um Westberlin, 3,60 Meter hoher Beton und die Grenzanlagen teilten die Stadt – darunter Hundelaufanlagen, Wachtürme und Bunker. Es galt der Schießbefehl. Viele Menschen kamen beim Versuch, vom Osten der Stadt in den Westen zu gelangen, ums Leben. Die Ausstellung ist mit den Ereignissen gewachsen und so ist das Museum regelrecht zugewuchert mit Informationen, Geschichten, Bildern, Zeitungsberichten und Gegenständen. Sie erläutern die Zeit der geteilten Stadt, die Einzelschicksale von Flüchtlingen und Regime-Opfern und die technischen Details der Grenzanlagen und Flucht-Hilfsmittel. Alles ist viersprachig gehalten: Deutsch, Englisch, Französisch, Russisch.

Im Museum kann man sich verlieren, denn es ist ein labyrinthisches Informationskonglomerat. Es geht auch um vieles Andere, das mit Pazifismus, Krieg, Menschenrechten und den großen Themen der individuellen Freiheit und politischen Unterdrückung zu tun hat. Es ist eine Fundgrube an Geschichten und ein historisches Dokument für sich. Wohl auch deshalb zählt es zu den bestbesuchten Museen Berlins.

Vom Obergeschoss aus hat man eine beeindruckende Aussicht auf den Checkpoint. Schräg gegenüber erlaubt ein 360° Panoramabild noch einmal einen Blick über die ehemaligen Grenzanlagen zu werfen.

**asisi Panorama Berlin – 360° Panoramabild der Mauer**

Das Panoramabild des Künstlers Yadegar Asisi zeigt das Mauergelände, wie es in Kreuzberg in den 1980er-Jahren aussah.
Friedrichstr. 205 · tgl. 10–18 Uhr · www.die-mauer.de

**Museum Haus am Checkpoint Charlie – Mauermuseum**

Friedrichstr. 43–45 · Kreuzberg · Tel. (0 30) 2 53 72 50 · www.mauermuseum.de · tgl. 10–20 Uhr · U Kochstraße

Das Mauermuseum befindet sich direkt am ehemaligen Grenzübergang zwischen dem amerikanischen Sektor und Ostberlin

# 57 Museum Berlin-Karlshorst

## Kapitulationsmuseum

Einer der wichtigsten Momente des 20. Jahrhunderts fand in diesem Gebäude statt: Die endgültige Unterzeichnung des bedingungslosen Kapitulationsvertrags der deutschen Wehrmacht mit den Vertretern der Alliierten und damit das Ende des Zweiten Weltkriegs. So ist das Museum auch Gedenkstätte.

Der Saal ist im Original erhalten und möbliert wie damals. Den direkten Vergleich kann man im Film betrachten, der das Eintreffen der Beteiligten, die kurze Unterzeichnung und das anschließende Siegesbankett zeigt. Erstaunlich, dass die Besiegelung des Friedens auf drei wackelige Schreibmaschinenseiten passt – die unprätentiöse, dreisprachige Erklärung ist ausgestellt.

Was im Gegenzug nicht einmal in ein sehr weit gefasstes Verständnis von Menschlichkeit passt, sind die versammelten Gräuel des Weltkriegs, denen im Obergeschoss eine neu überarbeitete Ausstellung gewidmet ist. Das Themenspektrum reicht von den alltäglichen Repressalien von Verfolgten und Besetzten über den Schrecken des Kriegs, das Leiden der Zivilbevölkerung in Einzelschicksalen, von den Taten des planvoll umgesetzten Massenmords bis hin zu den kaltblütigen bis zy-

Ein Ort von weltgeschichtlicher Bedeutung ist der Kapitulationssaal – historischer Ort der Kapitulation der Wehrmachtsführung vor den Alliierten am 8. Mai 1945

nischen Anordnungen der Verantwortlichen. Im Besonderen wird der Vernichtungskrieg und die deutsche Besatzungsherrschaft gegen die Sowjetunion dokumentiert. Foto-, Film- und Tondokumente sowie Gegenstände, Kleidungsstücke und schriftliche Dokumente zeichnen das Bild des millionenfachen Leidens und Sterbens im Europa der dreißiger und vierziger Jahre.

Bereits 1967 hatten sowjetische Truppen in dem Gebäude ein „Kapitulationsmuseum“ gegründet, das in den folgenden Jahren der politisch-historischen Bildung der Soldaten und der DDR-Bevölkerung diente. Spuren dieser früheren Nutzung sind sichtbar geblieben. Nun erinnert das Museum bereits seit rund drei Jahrzehnten in multilateraler Zusammenarbeit an den Zweiten Weltkrieg und ist allein deshalb schon eine einzigartige Einrichtung.

Der Besuch des Museums ist ein zutiefst emotionales Erlebnis und vor allem Kinder und Jugendliche sollten verantwortungsvoll begleitet werden – dennoch ist er, gerade in diesen Zeiten der weltweit aufflammenden Kriegsherde und insbesondere des russisch-ukrainischen Kriegs, ein Muss.

Als Bundeseinrichtung steht das Museum in engem Austausch mit Menschen aus der Ukraine, Belarus und Russland. Dem Ausbruch dieses Kriegs konnten die Museumsbetreiber nur mit absolutem Unverständnis begegnen.

**Museum Berlin-Karlshorst**
Zwieseler Str. 4 · Karlshorst · Tel. (0 30) 50 15 08 10 · www.museum-karlshorst.de · Di–So 10–18 Uhr · barrierefrei · Eintritt frei · S Karlshorst

Die Sowjetunion im Krieg ist ein thematischer Abschnitt der Dauerausstellung

# 58 Museum Blindenwerkstatt Otto Weidt

## Versteck in der Bürstenwerkstatt

In seiner Hinterhof-Werkstatt beschäftigte der Bürstenfabrikant Otto Weidt während des Zweiten Weltkriegs vorwiegend blinde und gehörlose Juden – und er schützte und versteckte seine Arbeiter und deren Familien auch vor der Willkür der Nationalsozialisten. Lebensretter Weidt, der selbst erblindet war, besorgte falsche Papiere und Lebensmittel, bestach die Gestapo und organisierte Verstecke – eines davon im Hinterzimmer der Werkstatt.

Das kleine Museum macht die Enge dieses Lebens erlebbar. Neben Mobiliar und Maschinen der Werkstatt erzählen persönliche Dokumente und Fotografien vom Schicksal der Verfolgten und Geretteten. Veranstaltungen und Publikationen ergänzen die Ausstellung. Diese wird ab Mai 2023 in überarbeiter Form wieder zu sehen sein. Zum gleichen Thema empfiehlt sich der Besuch des im selben Hof gelegenen Anne Frank Zentrums (▸ Seite 64).

**Museum Blindenwerkstatt Otto Weidt**
Rosenthaler Str. 39 · Mitte · Tel. (0 30) 28 59 94 07 · www.museum-blindenwerkstatt.de · tgl. 10–20 Uhr · barrierefrei, inklusive Angebote · Eintritt frei · S Hackescher Markt, U Weinmeisterstraße

Die Aufnahme zeigt die Belegschaft der Blindenwerkstatt Otto Weidt in der Rosenthaler Straße 39, Berlin, im Jahr 1941

# Museum der Trostfrauen

59

## Sexuelle Sklaverei im Pazifikkrieg

Auch hier geht es um den Zweiten Weltkrieg. Und auch wenn dieses kleine Museum seinen Blick weit über die Grenzen Berlins hinaus richtet, widmet es sich doch einem zentralen Thema: der sexualisierten Gewalt gegen Frauen.

Im Fokus steht der Pazifische Krieg, die asiatische Seite des europäischen Konflikts. Während dieser Zeit versorgte das japanische Militär seine Truppen mit den sogenannten „Trostfrauen" – jungen Frauen aus asiatischen Ländern, vor allem aus Korea, die entführt und zur Sexarbeit gezwungen wurden.

Im Museum kommen die Betroffenen selbst zu Wort: Ihre Lebensgeschichten werden erzählt, ihre Stimmen sind zu hören, ihre Gesichter zu sehen. Multimediale Installationen informieren über das brutale „Trostfrauensystem" und über die Anstrengung der Betroffenen, den Schmerz zu verarbeiten und die Scham zu überwinden. Und über die Kontinuität sexueller Gewalt gegen Frauen, die sich in jedem Krieg wiederholt.

**Museum der Trostfrauen c/o Korea Verband e. V.**
Quitzowstr. 103 · Moabit · Tel. (0 30) 39 80 59 84 · www.trostfrauen.museum · Di 16–20, So 14–18 Uhr u.n.V. · eingeschränkt barrierefrei · U Birkenstraße

Im Museum werden Besucherinnen und Besucher von einer Hartplastikversion der Friedensstatue begrüßt

# 60 Museum in der Kulturbrauerei

## Nostalgie und Propaganda

Hier ist der DDR-Alltag Thema: In der Dauerausstellung finden sich vom Kunstobjekt bis zum Trabi-Dachzelt, von der Zeitschrift bis zum typischen Arbeitsplatz unzählige Gegenstände aus der Lebenswirklichkeit in Schule, Beruf und Freizeit in der ehemaligen DDR.

Die Grundlage bildet die Sammlung Industrielle Gestaltung, die Teil der bundeseigenen Sammlung der Stiftung Haus der Geschichte ist. Sie weckt durchaus nostalgische Erinnerungen, zeigt aber vor allem, wie allgegenwärtig die unterschwellige Propaganda im DDR-Alltag war. Ein besonderes Augenmerk liegt auf der psychologischen Einflussnahme, die das Berufsleben und die Ausbildungseinrichtungen der DDR durchtränkte, um die Bürger auf die Ziele des Kollektivs einzuschwören.

**Gastronomie auf dem Kulturbrauerei-Gelände**
Hungrig bleiben muss hier niemand · www.kulturbrauerei.de

**Museum in der Kulturbrauerei**
Knaackstr. 97 · Prenzlauer Berg · Tel. (0 30) 4 67 77 79 11 · www.hdg.de · Di–Fr 9–18, Sa/So 10–18 Uhr · barrierefrei · Eintritt frei · U Eberswalder Straße

Tempolinsen, Spreewaldgurken und Co – gab's alles in der HO

# Museumsdorf Düppel

## Zeitreise als Sonntagsausflug

61

Im Museumsdorf Düppel geht es auf eine beeindruckende Zeitreise ins Mittelalter: Reetgedeckte Häuser mit originalem Grundriss, rückgezüchtete Tiere, traditionelles Handwerk wie Teerschwele, Schmiede oder Weberei, dazu Menschen in mittelalterlicher Kleidung, die all die Arbeiten ausführen – das alles lässt sich hier erleben.

Für die Kinder ist der Besuch des Museumsdorfes ein lustiger Ausflug zu den Tieren, für die Eltern eine beeindruckende historische Rekonstruktion. Die archäologische Erforschung und der experimentelle Wiederaufbau der Siedlung, die sich im Original im 12. und 13. Jahrhundert an dieser Stelle befand, findet seit den 1970er-Jahren statt. Beinahe jeden Sonntag gibt es hier ein Fest für die ganze Familie. Um 11 Uhr findet dann eine Führung statt und auch die Hofküche, die den Ausflug ins Mittelalter zusätzlich kulinarisch untermalt, hat geöffnet.

**Museumsdorf Düppel**
Clauertstr. 11 · Zehlendorf · Tel. (0 30) 8 02 66 71 · www.dueppel.de ·
Apr.–Okt. Sa/So/Fei 10–18 Uhr · weitgehend barrierefrei · Bus 118, 622 Clauertstraße

Handarbeiten und dabei ein Pläuschchen halten: Mittelalterliches Dorfleben, nachempfunden im Museumsdorf Düppel

# 62 Ort der Information – Holocaust-Mahnmal

## Denkmal für die ermordeten Juden Europas

Zentraler Ort der Holocaust-Gedenkstätte ist das Denkmal für die ermordeten Juden Europas: Das wellenförmige Stelenfeld, entworfen vom Architekten Peter Eisenmann, besteht aus 2700 Betonquadern auf knapp 20000 Quadratmetern, die in einem strengen Raster angeordnet sind. Mit der begehbaren Skulptur gelingt es dem Architekten, ein Gefühl auszulösen. Betritt man das Feld, meint man, die rationale, ruhige Struktur zu überblicken. Doch bereits nach ein paar Schritten und ein, zwei Mal Abbiegen zwischen den übermannshohen Stelen ist man alleine und fühlt sich verloren. Überall meint man in der Ferne den Ausweg zu sehen, und doch verliert man sich in der Tiefe des Areals.

Im darunter liegenden Informationszentrum wird die zu diesem Gefühl der Hilflosigkeit gehörende Geschichte erzählt. Dabei korrespondiert die Ausstellungsarchitektur mit den oberirdischen Stelen.

Vier thematische Räume fächern zum einen die unfassbare Menge der

Die Ausstellung gibt zu Anfang einen Überblick der nationalsozialistischen Terrorpolitik von 1933 bis 1945, um die folgenden Themenräume besser einordnen zu können

Taten auf und der Orte, an denen sie geschehen sind: Knapp sechs Millionen Menschen wurden ermordet, rund 220 Gefängnisse und Lager waren Orte der Untaten. Die Namen der Menschen werden verlesen – die vollständige Lesung hätte eine Dauer von über sechs Jahren. Zum anderen wird nah herangezoomt: Einzelschicksale können nachvollzogen werden. Tagebücher und Abschiedsbriefe geben ihnen eine Stimme. Anhand von recherchierten Familiengeschichten wird die ganze Vielfalt der zerstörten Kulturen deutlich.

Das Mahnmal wurde von der Stiftung Denkmal für die Ermordeten Juden Europas initiiert. Sie schuf mehrere solcher Orte des Gedenkens an die jüdischen Opfer des Nationalsozialismus, aber auch an die ermordeten Homosexuellen, Sinti und Roma oder Patienten von Heil- und Pflegeanstalten. Die Ausstellung wird ergänzt durch Datenbanken und Recherchemöglichkeiten sowie einen digitalen Einblick in weitere Gedenkstätten. Empfohlen wird der Besuch für Menschen ab 14 Jahren.

**Ort der Information unter dem Stelenfeld**
Cora-Berliner-Str. 1 · Mitte · Tel. (0 30) 26 39 43 0 · www.stiftung-denkmal.de · Di–So 10–18 Uhr · barrierefrei · Eintritt frei · U Brandenburger Tor · Stelenfeld rund um die Uhr begehbar

# 63 Parlamentshistorische Ausstellung im Deutschen Dom

## Wege, Irrwege, Umwege

Ein Museum für die Demokratie! Die Dauerausstellung des Bundestags zeigt Bildmaterialien und Exponate von der Revolution 1848 über Kaiserreich und Weimarer Republik bis zur Gegenwart. Sie ist ein Tummelplatz für Schulklassen, aber natürlich auch für andere Generationen sehr geeignet, um sich über die Geschichte und Funktionsweise des Parlaments zu informieren.

Der Ausstellungsparcours erstreckt sich über mehrere Etagen. Ein Schwerpunkt liegt auf der Entwicklung der Demokratie und des Parlaments bis heute und auf der Funktion und Arbeitsweise des Bundestags. Die Schrecken der Zeit der Unterbrechung der parlamentarischen Demokratie während der Zeit des Nationalsozialismus kommen dabei nicht zu kurz.

In Filmen und interaktiven Grafiken sind Hunderte von Ereignissen der parlamentarischen Entscheidungsprozesse festgehalten und anzusehen. Mehrere Filme zeigen außerdem den Parlamentsalltag anhand eines fiktiven Abgeordneten.

Mit von der Partie sind außerdem ein Plenarsaal im Miniaturformat, der Original-Bundesadler aus der ersten Parlamentssitzung nach der Wiedervereinigung und einiges Inventar des ehemaligen Bonner Plenarsaals.

In den Sitzungswochen des Bundestags wird auch in der Ausstellung getagt: Jeweils bis zu 50 Personen können an den Debatten teilnehmen und so die Prozesse der Gesetzgebung nachvollziehen (Anmeldung erforderlich).

Das Gebäude, in dem die Geschichte der Demokratie so ausführlich dargestellt wird, stammt ironischerweise aus dem Absolutismus und wurde als barocker Sakralbau errichtet. Friedrich der Große fand es im 18. Jahrhundert angebracht, mit dem Deutschen und dem gegenüberliegenden Französischen Dom auf dem weitläufigen Gendarmenmarkt religiöse Toleranz zu demonstrieren. Der Deutsche Dom blieb nach den Zerstörungen des Zweiten Weltkriegs knapp 40 Jahre lang eine Ruine und wurde dann quasi über die Wende hinweg neu errichtet – von außen denkmalgerecht rekonstruiert, von innen zweckmäßig-modern wiederaufgebaut, mit viel Sichtbeton und einer luftigen Spirale im Turm.

**Parlamentshistorische Ausstellung des Deutschen Bundestages – Deutscher Dom**
Gendarmenmarkt 1 · Mitte · www.bundestag.de · Di–So 10–18, Mai–Sep. bis 19 Uhr · tgl. 14 Uhr Dokumentarfilm im Kinosaal · Führungen 11–17 Uhr alle 30 Min. · barrierefrei · Eintritt frei · U Stadtmitte

Außen Dom, innen Tempel der Demokratie: Die Dauerausstellung des Deutschen Bundestags veranschaulicht parlamentarische Prozesse

# 64 Schloss Charlottenburg

## Preußens Schatzkiste

Das Ensemble des Charlottenburger Schlosses entführt den Besucher in die Glanzzeit des preußischen Hofs. Die Museumsräume werden dabei durch Ausstellungen in den benachbarten Gebäuden ergänzt: zu Karl Friedrich Schinkel, seinem Werk und seiner Zeit im Neuen Pavillon sowie zur französischen Malerei des 18. Jahrhunderts im frisch sanierten Neuen Flügel. Das Porzellan der Königlich-Preußischen Manufaktur ist im Belvedere zu bewundern. Eingebettet ist das Ganze in den kostenlos zugänglichen Schlosspark.

In den prachtvollen Zimmerfluchten des Schlosses spiegelt sich die höfische Kultur vom Barock bis zum Ende der Monarchie. Die originalen Interieurs sind reich ausgestat tet, Kunstwerke, wie beispielsweise die Gemälde des Rokokomalers Antoine Watteau, sind in die Einrichtung integriert. Die aktuelle Dauerausstellung prunkt mit den Insignien des Adels und zeigt den preußischen Kronschatz, die Silberkammer und die prächtig geschmückten Tabakdosen Friedrichs des Großen.

Das prächtige Hohenzollernschloss war der Ort, an dem Sophie Charlotte, Gattin Friedrichs I., Salons und Bälle veranstaltete. Nachfolgende Herrschergenerationen ergänzten das Gebäude um jeweils das Edelste, was die Epoche zu bieten hatte. Friedrich II. ließ den Neuen Flügel im Stil des Rokoko durch von Knobelsdorff bauen. Für Friedrich Wilhelm II. errichtete Langhans das Theater und das Teehaus Belvedere im Schlosspark. Und für Friedrich Wilhelm III. entwarf Schinkel den Neuen Pavillon, ein im Stil einer neapolitanischen Villa erbautes Landhaus. Die Kasernenbauten von August Stüler gegenüber dem Schloss vervollständigen das Ensemble – und natürlich die Gartenanlage.

Der prachtvolle Barockgarten, der sich in verschnörkelten Bordüren in Richtung See schwingt, ist genau der richtige Ort für eine Prise frische Luft nach dem Museumsbesuch. Und von den langen und eindrucksvollen Wegen durch Schloss und Park kann man sich anschließend im Café „Kleine Orangerie“ erholen.

**Café Kleine Orangerie**
Perfekt für die kleine Stärkung nach dem Spaziergang in Park, mit Selbstbedienung · Sa/So 11.30–18 Uhr

**Schloss Charlottenburg**
Spandauer Damm 20–24 · Charlottenburg · Tel. (0 30) 32 09 10 · www.spsg.de · Di–So 10–16.30, Apr.–Okt. bis 17.30 Uhr · bedingt rollstuhlgeeignet · Multimedia-Touren: App „Charlottenburg SPSG“, kostenlos in den Appstores · S Westend, U Richard-Wagner-Platz

Das Charlottenburger Hohenzollernschloss ist ein Ensemble aus prachtvoller Architektur, kostbarer Innenausstattung und Kunstwerken des 18. und 19. Jahrhunderts

# 65 Schloss Schönhausen

## Rokoko und Schleiflack

Das Schloss Schönhausen erstrahlt in einem rosafarbenen Kalkputz. Sein Festsaal bietet eine barocke Pracht wie sie sonst nur in Potsdam zu finden ist. Untergebracht sind hier Ausstellungen zur preußischen Geschichte in Original-Interieurs und eine Sammlung ostpreußischer Kunst und Adelskultur. Daneben gibt es eine dicke Portion DDR-Politik. Diese eigentümliche Mischung ist authentisch und spiegelt die wechselvolle Geschichte des Schlosses wider.

Es wurde im 17. Jahrhundert für Königin Elisabeth Christine errichtet, Gattin des Preußenkönigs Friedrich II. – zumindest auf dem Papier. Friedrich mied das Schloss und seine Frau, die Königin dagegen engagierte sich vor Ort, zum Beispiel in der Seidenraupenzucht.

Später wurde hier Kunst gelagert, unter anderem bewahrten die Nazis als „entartet" diffamierte Werke im Schloss auf. Herrschaftlicher Glanz kehrte erst nach der DDR-Gründung zurück: Von 1949 bis 1960

Hinter einer zartrosa Fassade sind hier Relikte der preußischen Adelskultur eine museale Nachbarschaft mit der DDR-Politik eingegangen

diente der Preußenbau als Amtssitz des Präsidenten der DDR, Wilhelm Pieck. Er empfing hier hohe Staatsgäste wie Ho Chi Minh oder Nikita Chruschtschow. Die letzten Gäste waren im Oktober 1989 Michail Gorbatschow und seine Frau. Das Badezimmer für Staatsgäste der DDR ist wegen seiner lila Kacheln berühmt geworden. Man kann es nun besichtigen, genauso wie Wilhelm Piecks Arbeitszimmer mit den typischen DDR-Schleiflackmöbeln.

Im Schloss Schönhausen inszenierten die DDR-Oberen große Politik, und bis 1960 wohnten sie auch gleich um die Ecke, am Majakowskiring. Fußläufig erreichbar, lassen sich hier die Villen von Ulbricht, Pieck und Honecker besichtigen.

Einen entspannenden Gegenpol bildet der Schlosspark, an dem unter anderem Peter Joseph Lenné gestalterisch Hand anlegte. Hier schlängelt sich die Panke an alten Bäumen und gepflegten Rasenflächen vorbei.

**Café Sommerlust im Schlossgarten Schönhausen**
Apr.–Okt. tgl. 10–18, März/Nov. Do–So 12–17 Uhr

**Schloss Schönhausen**
Tschaikowskistr. 1 · Pankow · Tel. (03 31) 9 69 42 00 · www.spsg.de · Apr.–Okt. Di–So 10–17.30 Uhr, nur mit Führung: Nov.–März Sa/So 10–16 Uhr · barrierefrei · Tram M1 / Bus 107, 250 Tschaikowskistraße

# 66 Schwules Museum

## Geschlecht, Identität, Diversität

„Queer“ oder auch: LGBTQIA+: Für seine große kulturelle Szene rund um die vielfältigen Möglichkeiten der geschlechtlichen Identität ist Berlin berühmt. In diesem Museum wird seit den 1980er-Jahren quasi vor Ort gesammelt, dokumentiert und erforscht, was schwule, lesbische, bi- und transsexuelle Lebenswirklichkeiten bedeuten: der ewige Kampf mit der traditionellen Geschlechterordnung, die Emanzipationsbewegungen, die lange Geschichte des Coming Outs, das Leben mit HIV. Dazu die Kultur und die Kunst.

Angesiedelt in einer ehemaligen Druckerei verfügt das Schwule Museum über 1 600 Quadratmeter, vier Ausstellungsräume, ein Café, eine Bibliothek und ein Archiv. Die Wechselausstellungen widmen sich politischen Ereignissen, aktuellen Tendenzen oder eben der Kunst. Rechercheprojekte und die Archivarbeit ordnen die organisch gewachsene Sammlung zeithistorisch ein.

**Schwules Museum**
Lützowstr. 73 · Tiergarten · Tel. (0 30) 69 59 90 50 · www.schwulesmuseum.de · tgl. (außer Di) 12–18, Do bis 20, Sa 14–19, So 14–18 Uhr · barrierefrei · U Kurfürstenstraße

Kunst, Kultur, auch dramatische Lebensschicksale, politische Niederlagen und Erfolge sammelt und zeigt das Schwule Museum

# Spionagemuseum

## Horch und Guck

67

Der Eingang führt durch eine Sicherheitsschleuse: Kurz muss man ertragen, dass sich die Tür einer Plexiglassäule hinter einem schließt, bevor sich das Pendant vor einem wieder öffnet. Aber dann darf man hinein in die Welt der Spione und Agenten, der Geheimdienste und der Politik.

Merke: Alles hier Präsentierte bedeutet etwas für den privaten Menschen. Es folgt eine abwechslungsreiche Ausstellung, die einen historischen Abriss von der ersten verschlüsselten Keilschrift bis hin zu modernen Hackermethoden gibt. Durch die Präsentation der Biografien der Spione und der Verortung der Spionage in der Weltpolitik wird dabei die „Geheimwelt“ mit der persönlichen Realität verknüpft.

Knapp 100 000 LEDs sind hier verbaut und auch sonst gibt sich das Museum technisch hochmodern. Vieles kann man ausprobieren: Tresore knacken, einen Laserparcours überwinden, Wanzen finden – und hinterher im Shop einen echten Geheimstift kaufen.

**Deutsches Spionagemuseum Berlin**
Leipziger Platz 9 · Mitte · Tel. (0 30) 3 98 20 04 50 · www.deutsches-spionagemuseum.de · tgl. 10–20 Uhr · S/U Potsdamer Platz

Man muss kein Gummimensch sein, um den Laserparcours zu überwinden (aber es hilft!)

# 68 Stasimuseum

## Im Zentrum die Akte

Zu den eindringlichsten Bildern der Auflösung der DDR gehören herumfliegende Papiere: Bürger erstürmten im Januar 1990 die Zentrale des Ministeriums für Staatssicherheit, um die bereits begonnene Vernichtung der Stasi-Akten zu stoppen. Aus dem Ort dieses Geschehens wurde ein wichtiges Museum, das über die Struktur und die Methoden der Stasi, ihren ideologischen Überbau und auch ihren langjährigen Chef Erich Mielke informiert.

Das Ministerium für Staatssicherheit mit sienem weit gespannten Netz aus Informanten war akribisch im Aufzeichnen des in Erfahrung Gebrachten. Kaum ein DDR-Bürger, über den es keine Mappe mit privatesten Informationen gab. 39 Millionen Karteikarten und 111 Kilometer Akten sind davon noch übrig, rund 16 000 Säcke mit zerrissenem Schriftgut warten noch darauf, das ihr Inhalt wieder zusammengepuzzelt wird. Dazu kommen Fotos, Filme und Datenträger. Diese Aufzeichnungen geben natürlich auch Aufschluss über ihr Zustandekommen: über die Manipulationen durch die Staatsdiener, die bis in das Intimste hereinreichten und über diejenigen, die in Gesprächen und Briefen ihre Mitmenschen ausspionierten und denunzierten.

Sieht doch ganz harmlos aus, so ein Schreibtisch. Aber von hier aus wurde die Bespitzelung der gesamten DDR-Bevölkerung mitorganisiert

Schon kurz nach der Erstürmung der Stasi-Zentrale machte sich eine Bürgerinitiative zur Aufgabe, Ort und Bestände zu sichern, aber auch öffentlich zugänglich zu machen. Zweck dieser Bemühungen war und ist, die Arbeit der Stasi, die das Funktionieren der DDR erst möglich machte, transparent darzustellen.

Das Gebäude gehört zu dem 20 Hektar großen Komplex des ehemaligen Ministeriums für Staatssicherheit. 8 000 Mitarbeiter waren hier beschäftigt, von der Außenwelt war es abgeriegelt. Im Zentrum der totalen Kontrolle saß seit 1957 bis zum Ende der DDR 1989 Erich Mielke. Er baute den Gesamtapparat von etwa 14 000 auf circa 90 000 Mitarbeiter aus. Sein Büro wurde kurz nach der Erstürmung versiegelt und kann im Rahmen der Ausstellung im Originalzustand besichtigt werden.

Die Dauerausstellung widmet sich der „Staatssicherheit in der SED-Diktatur“ und erläutert die organisatorischen und hierarchischen Strukturen des Ministeriums für Staatssicherheit, den Einsatz von Propagandamitteln sowie die perfiden Methoden der Mitarbeitenden, wenn es darum ging, Menschen zu verunsichern und Informationen zu erpressen. Auch das Ende ist dokumentiert: Die Erstürmung des Ministeriums 1990 und die Besetzung durch die Bürgerbewegung.

**Stasimuseum – Forschungs- und Gedenkstätte Normannenstraße**
Ruschestr. 103 · Hohenschönhausen · Tel. (0 30) 5 53 68 54 · www.stasimuseum.de · tgl. 10–18, Sa/So ab 11 Uhr · barrierefrei · U Magdalenenstraße

Statt Nelke im Knopfloch: raffiniert getarnte Minikamera

# 69 The Wall Museum

## Niemand hatte die Absicht …

Die East Side Gallery ist eine der wichtigsten Sehenswürdigkeiten Berlins: Hier steht noch ein Stück Berliner Mauer, ehemals innerdeutsche Grenze. Zwar mit bunter Friedens-Kunst dran, statt mit Stacheldraht, aber immerhin. Wie praktisch also, dass es direkt vor Ort nun ein Museum gibt, das die Geschichte von Mauerbau bis Mauerfall multimedial nachzeichnet.

Das Museum befindet sich im Alten Mühlenspeicher an der Spree. In dreizehn Räumen und mit Hilfe von über 100 Bildschirmen, Filmen und Projektoren wird ein ausführliches Bild vermittelt – vor allem von den entscheidenden Wochen in Sommer und Herbst 1989, bevor die Grenzen geöffnet wurden: Infotainment über das Leben der betroffenen Menschen mit der Mauer und die diplomatischen Verstrickungen im Hintergrund anhand von Videointerviews. Promifaktor: Gorbatschow war Schirmherr, Guido Knopp ist Berater, und sogar einen Schnappschuss von Leonardo DiCaprio findet sich.

**The Wall Museum**
Mühlenstr. 78–80 · Friedrichshain · Tel. (0 30) 94 51 29 00 · www.thewallmuseum.com · tgl. 10–19 Uhr · S/U Warschauer Straße

Museum am Ort des Geschehens: zwischen East Side Gallery und Oberbaumbrücke, über deren Mitte die Grenze zwischen sowjetischem und amerikanischem Sektor verlief

# Tränenpalast

## 70

### Achtung, Grenzkontrolle!

Der Tränenpalast am S-Bahnhof Friedrichstraße erhielt seinen vielsagenden Namen, da sich hier die Ostberliner von ihren West-Besuchern verabschieden mussten. Die Abfertigungshalle für die Ausreise von Ost- nach West-Berlin wurde ein Jahr nach Mauerbau, nämlich 1962, errichtet.

Der Pavillon aus Glas und Stahl wirkt durchlässig, tatsächlich jedoch verbarg der abgesenkte Boden der Halle die Tätigkeiten der Grenzer vor der Öffentlichkeit. Eine Ausstellung der bundeseigenen Stiftung Haus der Geschichte beschäftigt sich hier mit dem politischen Alltag der deutsch-deutschen Teilung, mit dem Kontrollprozedere der Ein- und Ausreise, mit Einzelschicksalen und Fluchtversuchen.

Die Präsentation orientiert sich an den damaligen Stationen der Grenzkontrolle. Auch viele der architektonischen Details sind erhalten.

**Tränenpalast**
Reichstagufer 17 · Mitte · Tel. (0 30) 46 77 77 9-11 · www.hdg.de · Di–Fr 9–19, Sa/ So 10–18 Uhr · Eintritt frei · barrierefrei · S/U Friedrichstraße

Der offene Durchblick durch die Glasfassade gewährt nur scheinbar Transparenz: Die DDR-Grenzkontrollen fanden tiefer gelegt statt

# 71 Topographie des Terrors

## Im Auge des Sturms

Auf den ersten Blick gibt es hier wenig zu sehen, gleichzeitig weist dieser Ort die höchsten Besucherzahlen Berlins auf: Hier, mitten in der Stadt, befand sich einst die Machtzentrale der Nationalsozialisten, pflegten zwischen 1933 und 1945 die Hauptinstanzen des Nazi-Terrors gute Nachbarschaft. Das Gebäude der Reichsführung-SS und das des Sicherheitsdiensts (SD), das Geheime Staatspolizeiamt (Gestapo) samt Gefängnis sowie das Reichssicherheitshauptamt standen hier – das heißt, genau hier wurden all die grauenhaften Pläne entwickelt und umgesetzt. Bausubstanz ist wenig übrig, denn am Ende des Krieges war alles zerbombt oder beschädigt und wurde abgerissen. Was für viele Jahre blieb, war eine wenig genutzte Brache am Rande West-Berlins.

In den 1980er-Jahren wuchs das Bewusstsein für den historischen Ort. Es entstand eine erste Freiluftausstellung entlang der freigelegten Gebäudereste – und diese erfreute sich eines so ungebrochenen Inte-

Ein Ausstellungsbau als Mahnmal für die nationalsozialistischen Behörden. Dahinter ist die Freiluftausstellung zu sehen

resses, dass die Politik nach und nach mitzog. Es wurde eine Stiftung gegründete und schließlich auch ein Ausstellungsgebäude errichtet. Inzwischen widmen sich drei Dauerausstellungen den Spuren der Vergangenheit.

Entlang der freigelegten Mauern des ehemaligen Gestapo-Kellergefängnisses wird auf Glastafeln die Freiluftausstellung „Berlin 1933–1945. Zwischen Propaganda und Terror“ gezeigt, die darstellt, wie die Nationalsozialisten zu ihrer Macht gelangen konnten.

Eine weitere Ausstellung im Freien ist der Geländerundgang mit 15 Stationen, der direkt vor Ort die Geschichte aufblättert.

Im Museumsgebäude befindet sich schließlich die Ausstellung „Topographie des Terrors. Gestapo, SS und Reichssicherheitshauptamt in der Wilhelm- und Prinz-Albrecht-Straße“. Hier werden die Institutionen, ihr Aufbau, ihre Besetzung, ihre Verknüpfung und ihre Taten ausführlich dargestellt.

**Dokumentationszentrum Topographie des Terrors**
Niederkirchnerstr. 8 · Kreuzberg · Tel. (0 30) 25 45 09 50 · www.topographie.de · tgl. 10–20 Uhr · barrierefrei · S/U Potsdamer Platz

# Natur und Technik

# Berliner U-Bahn-Museum

## Herr der Schienen

72

Am Eingang ein ehemaliger Fahrkartenschalter, alte Fahrkarten als Eintrittskarten – das U-Bahn-Museum weckt Nostalgie bei all jenen, die seit Jahrzehnten im Berliner Untergrund unterwegs sind. Hinweistafeln, Warnschilder, Fahr- und Linienpläne, Lochzangen, Arbeitsplätze des Bahnhofspersonals – die AG Berliner U-Bahn hat alles Mögliche gesammelt und bewahrt, was einmal Nahverkehrsalltag war. Hier erfährt man auch, wie der Hintergrund funktioniert: Herzstück des Museums ist das ehemalige Hebelwerk des elektromechanischen Stellwerks der Betriebswerkstatt Grunewald und des Bahnhofs Olympiastadion. 14 Meter lang, mit Zugriff auf 103 Weichen und 99 Signale und damit 616 möglichen Zugbewegungen, war es bei Inbetriebnahme 1931 das größte seiner Art in Europa. Wie das funktioniert, wurde einst am Streckenmodell geübt, das ebenfalls ausgestellt ist.

**Berliner U-Bahn-Museum**
Eingang in der Empfangshalle am U-Bahnhof Olympiastadion (U2) · Charlottenburg · Tel. (0 30) 25 62 71 71 · www.ag-berliner-u-bahn.de · jeden 2. Sa im Monat 10.30–16 Uhr · nicht barrierefrei · U Olympiastadion

Entscheidende Weichenstellungen für den Berliner U-Bahn-Verkehr: 14 Meter lang ist das historische elektromechanische Stellwerk

# 73 Botanischer Garten und Botanisches Museum

## Lasst Blumen sprechen

Zwei dunkle Gestalten in Motorradmontur beugen sich nachdenklich über eine kleine Staude und greifen dann zum Handy für ein Foto. Was haben sie festgehalten? Es ist eine kleine, zarte, violette Blüte. Merke: Die Liebe zur Natur ist vielfältig und verbindend.

Besonders vermittelnd zeigt sie sich in Dahlem. „Die Welt in einem Garten“ – das war 1889 das Konzept von Adolf Engler, dem ersten Direktor des Botanischen Gartens. Und so sprießt und blüht es im Park zu jeder Jahreszeit.

Und zwar nicht nur in den vielen Gewächshäusern, die die Klimazonen aus aller Herren Länder in Berlin nachbilden. Darunter das riesige, elegante, in der Architektur des Jugendstils bis hin zu dem jüngsten, dem „Neuen Glashaus“, in dem es auch ein Café gibt. Der Botanische Garten ist ein Freilichtmuseum auf 43 Hektar, eine begehbare Enzyklopädie der lebendigen Pflanzenkunde mit über 20 000 verschiedenen Arten. Und ein gewachsener Erholungsort mit See und Themengärten – zum Beispiel Duft-, Tast- und Arzneipflanzengarten oder Arboretum.

Das Botanische Museum ergänzt die Begegnung mit Bäumen und Blumen um die Erläuterung der Klassifikationen. Es ist das einzige seiner Art in Europa und strahlt altmodisches Wissen aus. Merke: Es ist ein Universitätsbetrieb – hier werden zum Beispiel „Asternartige“, „Nelkenartige“ und Kieselalgen erforscht. Besonders Besucher, die die barrierefreien Wege nutzen, erhalten in den Seitentrakten einen kleinen Einblick in den wissenschaftlichen Alltag. Dieser kann aber auch konkreten Praxisbezug haben: Wöchentlich findet eine Pilzberatung für Laien-Sammler statt.

Das Botanische Museum bekommt derzeit einen neuen Eingangsbereich und auch die Dauerausstellung wird auf die Höhe der Zeit gezogen. Die Wiedereröffnung ist für 2024 geplant. Der Garten ist nach wie vor ganzjährig geöffnet.

**Café Victoria**

Kleine Speisen sowie Kaffee und Kuchen am Haupteingang der Gewächshäuser, mit großer Terrasse und Blick ins Grüne.
www.apple-food.de · tgl. ab 11 Uhr

**Botanischer Garten**

Königin-Luise-Str. 6–8 · Dahlem · Tel. (0 30) 83 85 01 00 · www.bgbm.org · Garten tgl. ab 9 Uhr, Nov.–Jan. bis 16, Feb. bis 17, März/Okt. bis 18, Mai./Sep. bis 20, Juni/Aug. bis 21 Uhr · barrierefrei · Busse X83, 101 Haltestelle Königin-Luise-Platz/ Botanischer Garten oder S Botanischer Garten (10 Minuten Fußweg)

Farne können meterhoch werden oder sich als zierliche Gewächse im Unterwuchs verbergen: die faszinierende Vielfalt dieser Pflanzengattung erlebt man im Farnhaus

# 74 Computerspielemuseum

## Replay History!

Sechzig Jahre in sechzig Minuten verspricht das Computerspielemuseum. Ist es wirklich schon so lange her? Eines der ersten Spiele war „Pong“, ein Tischtennisspiel mit einfachster Grafik. Spätestens seit den Achtzigern ist der digitale Spielplatz aus kaum einer Kindheitserinnerung wegzudenken.

So findet fast jeder irgendwo etwas Bekanntes unter den bis zu dreißig spielbaren Computer- und Konsolenspielen – und erfährt zudem sämtliche Hintergründe über Entwickler, Technologie, Chronologie und Erfolge der virtuellen Welten. Auch die Oldtimer unter den Computern und Konsolen, mit ihren dicken Tastaturen und Mini-Bildschirmen, haben einen Platz in der schicken Ausstellungsarchitektur.

Zusätzlich gibt es eine kleine Spielhölle und eine Abteilung für Sonderausstellungen. Wer spielt, bleibt natürlich länger als sechzig Minuten! Ein kleiner Museumsshop bietet Computerspiel-Merch.

**Computerspielemuseum**
Karl-Marx-Allee 93a · Friedrichshain · Tel. (0 30) 60 98 85 77 · www.computerspielemuseum.de · tgl.10–20 Uhr · barrierefrei · U Weberwiese

Jetzt sind auch schon Pong und PacMan historisch: Die Kids von heute können über die pixeligen Urahnen heutiger Computerspiele nur staunen

# Domäne Dahlem

## Landwirtschaft zum Anfassen

75

Das ganze Landgut mit seinen historischen Gebäuden ist ein Freilichtmuseum. Ackerbau und Viehhaltung werden hier wirklich praktiziert, geschmiedet, getöpfert, gesponnen und gewebt wird auch.

Im Herrenhaus aus dem 16. Jahrhundert besucht man historische Orte der Jahrhundertwende im Kontext von Landwirtschaft und Ernährung, wie einen Tante-Emma-Laden oder eine Metzgerei. Außerdem sind kunsthandwerkliche Objekte sowie Alltagsgegenstände vom Spielzeug bis zu Landmaschinen und Traktoren ausgestellt.

Thematisch abgerundet wird das Angebot durch die einzigartige Ausstellung „Vom Acker bis zum Teller" zur Kulturgeschichte der Ernährung im sogenannten Culinarium im ausgebauten Pferdestall.

Das Gasthaus öffnet Do/Fr 11–18 Uhr, Ökomarkt jeden Sa 8–13 Uhr.

**Hofladen**
Kulinarisches Schaufenster der Domäne mit sebsthergestellten Bio-Produkten

**Domäne Dahlem – Landgut und Museum**
Königin-Luise-Str. 49 · Dahlem · Tel. (0 30) 6 66 30 00 · www.domaene-dahlem.de · Di–So 10–17 Uhr · Eintritt zum Gelände frei · teilweise barrierefrei · U Dahlem-Dorf

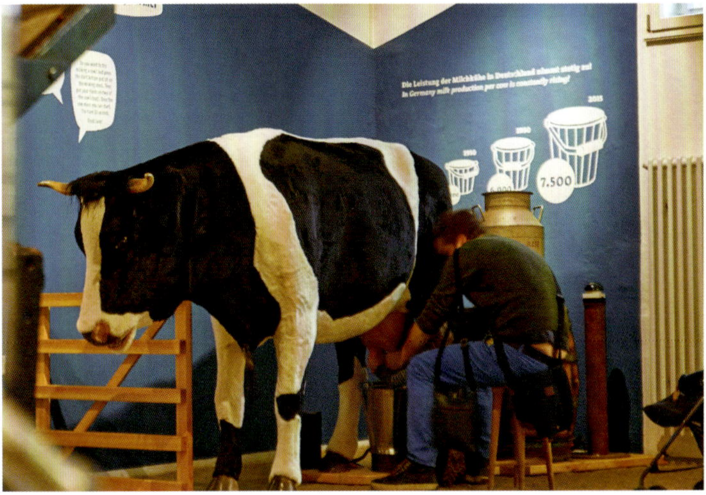


Melken wie zu Urgroßmutters Zeiten im Culinarium. Wenigstens hält diese Kuh still

# 76 Feuerwehrmuseum

## Wasser, marsch!

Ursprünglich diente die Sammlung der Berliner Feuerwehr dazu, den Mitarbeitern die lange Tradition der Organisation nahezubringen. Da aber jeder irgendwann einmal Feuerwehrmann werden möchte, ist die Ausstellung auch seitens der Öffentlichkeit sehr beliebt.

Auf dem Gelände der Feuerwache Tegel demonstrieren mehrere Ausstellungsbereiche die technische Entwicklung der Fahrzeug-, Geräte- und Fernmeldetechnik, von der Feuerpumpe aus dem Jahr 1909 bis hin zum Strahlenschutzanzug. Es geht aber auch um die ganz konkrete Feuerwehrpraxis, zum Beispiel den Alarmablauf im Ernstfall. Ein Panikraum lässt Besucher brenzlige Situationen nacherleben. Und sogar die Einstellungsprüfung kann man nachturnen.

**Museumsshop**
Mit echten Feuerwehrhelmen, Souvenirs und Raritäten für Feuerwehrfans

**Feuerwehrmuseum**
Veitstr. 5 · Tegel · Tel. (0 30) 38 71 09 33 · www.feuerwehrmuseum-berlin.de · Di/Do 9–16, Mi 9–19, Fr/Sa 10–14 Uhr · barrierefrei · U Alt-Tegel

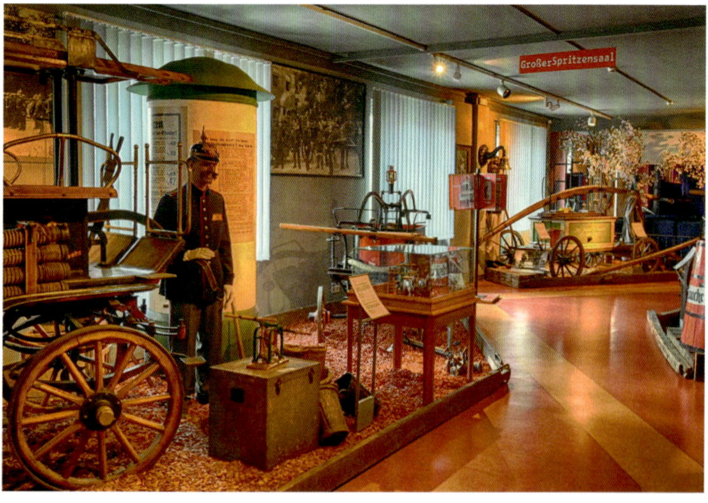


Tatü-Tata, die Feuerwehr! Geschwindigkeit, heldenhafte Einsätze und ausgeklügeltes Equipment – zu Kaisers Zeiten genauso faszinierend wie heute

# Futurium

## Informiert in die Zukunft

77

Während Museen normalerweise Vergangenes dokumentieren, macht es dieses futuristische Gebäude zwischen Hauptbahnhof und Regierungsviertel genau anders: Es blickt nach vorne. Wie werden wir wohnen? Wie werden wir arbeiten, wie reisen – kurz: Wie werden wir leben? Das hochmoderne und interaktive Museum zeichnet Möglichkeiten und stellt dabei aktuelle Wissenschaftliche Erkenntnisse aus. Die hat es aus erster Hand: Die Betreibergesellschaft vereint zahlreiche namhafte Wissenschaftsorganisationen und das Bildungsministerium.

Wer seine Inspirationen direkt umsetzen möchten, finden im FuturiumLab ein umfangreiches Workshop-Angebot.

**Shop im Futurium**
Mit vielen digitalen Spielereien und Gadgets für nachhaltigen Lifestyle · Mo–Do 9–17 Uhr, Fr 9–15 Uhr · https://shop.futurium.de

**Futurium**
Alexanderufer 2 · Mitte · Tel. (030) 4 08 18 97 77 · www.futurium.de · Mi–Mo 10–18, Do bis 20 Uhr · rollstuhlgerecht, taktile Informationssysteme, Gebärdensprache in den Videos, einfache Sprache · Eintritt frei · S/U Hauptbahnhof

Blickt auch architektonisch nach vorn: Das Gebäude des Futuriums ist als Niedrigst-Energiehaus konzipiert und schöpft das Potential regenerativer Energien voll aus.

# 78 Historischer Hafen

## Anlegestelle der Berliner Schifffahrtsgeschichte

Der Historische Hafen ist nicht eigentlich ein Museum, doch hier versammeln sich zahlreiche betagte, restaurierte Dampfer, Schlepper und Fahrgastschiffe. Und so kann man an den Ufern durchaus museal spazierengehen und findet dabei auch ausführliche Informationstafeln.

Manchmal darf man auch mitfahren: auf dem Schlepper „Andreas" zum Beispiel, der durch eine besondere Dampfmaschine angetrieben wird. Dieses und die anderen Schiffe werden vom Verein Berlin-Brandenburgische Schifffahrtsgesellschaft betreut und teilweise auch saniert. Und ein bisschen Museum ist doch: Unter Deck der „Renate-Angelika" gibt´s eine Ausstellung zur Geschichte der Binnenschifffahrt, während auf dem Motorschiff „Heimatland" eine Galerie zeitgenössische Kunst präsentiert.

**Historischer Hafen**
Friedrichsgracht/Märkisches Ufer/Mühlendammschleuse · Mitte · Renate-Angelika: Mai–Sep. Sa 14–17 Uhr · www.historischer-hafen-berlin.de · U Märkisches Museum

**Galerie Hošek Contemporary auf der MS Heimatland**
Fischerinsel 3 · März-Nov. Di–Sa 14–18 Uhr

Beim Spaziergang am Historischen Hafen gibt es viel zu gucken. Restaurierte Dampfer, Kähne und Fahrgastschiffe liegen hier vor Anker, manchmal darf man mitfahren

# Illuseum

## Knick in der Optik

**79**

Im Illuseum ist es eigentlich genau anders herum wie in allen anderen Museen. Zwar gibt es hier auch Ausstellungsstücke, die man betrachtet. Aber die erzählen weniger über sich, als dass sie uns etwas über uns selbst verraten. Und zwar, indem sie unsere Sinne permanent austricksen.

Optische Täuschungen und vielerlei andere physikalische Experimente führen hier eindrücklich und verblüffend vor, dass unser Platz in der Welt nur ein relativer ist, dass Farben auch nur eine Frage der Wahrnehmung sind und Perspektiven und Größenverhältnisse vor allem in unserem eigenen Gehirn entstehen.

Ebendieses Gehirn ist auch bei diversen Knobelspielen gefragt. Wer die Illusionen verstehen möchte, wird darüber viersprachig informiert. Wer seinen eigenen Kopf lieber auf einem Silbertablett servieren möchte, dem sei gesagt: Hauptsächlich ist dieses Museum ein großartiger Ort für lustige Selfies. Der Shop indes ist ziemlich teuer.

**Illuseum**
Karl-Liebknecht-Str. 9 · Mitte · Tel. (030) 25 78 41 17 · www.illuseum-berlin.de · tgl. 10–20 Uhr · barrierefrei · S/U Alexanderplatz

Alles eine Frage der Perspektive! Im Illuseum erfährt man auch, warum das so ist, und das auf äußerst unterhaltsame Weise

# 80 Medizinhistorisches Museum

## Dem Leben auf der Spur

Vieles, was hier in Formalin schwimmt oder als Trockenpräparat präsentiert wird, hat in der Natur nicht funktioniert – Missbildungen, Verformungen, Krankheiten – und damit Aufschluss über die Funktionsweise von Körper und Gesundheit gegeben.

Der Besuch bei der wissenschaftlichen Seite der Medizin ist eine sensible Gratwanderung zwischen Faszination und fachlicher Neugier und erlaubt einen Einblick in über 300 Jahre Medizingeschichte an der Charité. Die pathologische Sammlung geht teils auf Rudolf Virchow zurück. Dazu kommen die Darstellung exemplarischer Krankengeschichten im Krankensaal, Modelle des Anatomischen Museums und die Präsentation technischer Entwicklungen wie Röntgen oder Endoskopie. Zum Museum gehören außerdem das Anatomische Theater sowie die Ruine eines historischen Hörsaals, in denen Vorträge und Veranstaltungen stattfinden. (Noch bis Sommer 2023 geschlossen.)

**Medizinhistorisches Museum der Charité**
Charitéplatz 1 · Mitte · Tel. (0 30) 4 50 53 61 56 · www.bmm-charite.de · tgl. (außer Mo) 10–17, Mi/Sa bis 19 Uhr · barrierefrei · S/U Hauptbahnhof

Blick in die Dauerausstellung – Das Labor in der Praxis. Hier wird die Entwicklung der Röntgentechnik durchleuchtet

# Militärhistorisches Museum Flugplatz Gatow

81

## Fliegen in Zeiten des Kalten Kriegs

Natürlich ist dieses Museum ein Ort, der Fliegerherzen höher schlagen lässt: Über 200 Fluggeräte, vom Doppeldecker-Segelflugzeug bis zur Drohne (und 600 000 weitere Exponate) gehören zu diesem (dem größten) Teil der flughistorischen Sammlung der Bundeswehr.

Die Fluggeräte tragen allerdings einen vielsagenden Namen: Es sind allesamt „Luftkriegsmittel". Der Flughafen am südwestlichsten Rand Berlins wurde 1934 im Rahmen der geheimen Aufrüstung gebaut und war später einer der drei Flughäfen der Luftbrücke.

Heute sind auf dem Flugfeld und in zwei Hangars die Fluggeräte zu besichtigen – und auch die Flugabwehrgeräte. Das Museum widmet sich ausdrücklich dem Fliegen zu militärischen Zwecken und stellt, damit verbunden, auch die Frage nach der Beziehung zwischen Bundeswehr und Gesellschaft.

**Militärhistorisches Museum Flugplatz Berlin-Gatow**
Am Flugplatz Gatow 33 · Gatow · Tel. (0 30) 36 87 26 01 · www.mhm-gatow.de · Di–So 10–18 Uhr · Eintritt frei · kostenlose Führungen an jedem Sonntag um 14 Uhr · größtenteils barrierefrei · Bus 135 Seekorso

Über 200 Fluggeräte sind hier zu bestaunen wie diese Douglas C47 B „Dakota" der Royal Australian Airforce, die auch als „Rosinenbomber" im Einsatz war

# 82 Museum für Kommunikation

## Die Kunst der Information

Dieses Museum macht seinem Namen und seiner Aufgabe alle Ehre: Es kommuniziert mit dem Besucher. Das beginnt direkt im Lichthof, denn hier fahren putzige Roboter mit Glaskugelköpfen und Hütchen herum und begrüßen die Besucher – mit einem Ballspiel, kleinen Vorträgen zu Exponaten des Museums oder mit Gesprächen in unterschiedlichen Sprachen. Aus den Ausstellungsgeschossen, die sich als Galerien um den hohen Lichthof herumschmiegen, klingt weiteres Stimmengewirr. Teils kommt dieses von den Besuchern, teils aber auch von den Exponaten selbst, die die Geschichte der Kommunikation von der Entstehung der Schrift bis hin zum Datenverkehr im Computerzeitalter erklären.

Der Ausstellung zugrunde liegt die Sammlung der Museumsstiftung Post und Telekommunikation. Im ersten Stockwerk bedeutet dies: Briefe, Briefmarken, Briefkästen, Telefone, Telegrafenanlagen, Postplakate, Schilder und, und, und. Die Sammlung ist immens, deshalb kommuniziert auch sie mit dem Besucher und lässt zum Beispiel auf Knopfdruck eine andere Vitrine vorfahren. Spektakulärstes Stück auf dieser Etage ist ein Kunstwerk von Stefan Sous, für das er eine Postkutsche in ihre Einzelteile zerlegt hat.

Im Keller dann die magische Schatzkammer, in der die 17 kostbarsten Stücke des Museums ausgestellt werden. Darunter befinden sich die Blaue und die Rote Mauritius, eine Fernsehröhre aus der Anfangszeit, der allererste Fernsprecher. Und im Erdgeschoss gibt es zahlreiche Installationen, die spielerisch die Kommunikation und Interaktion erfahren lassen – beispielsweise das Flaggen- und das Morsealphabet oder Rauchzeichen. Sonderausstellungen zur Bedeutung der Kommunikation ergänzen den Ausflug in die Welt der internationalen Verständigung.

Das beeindruckende Gebäude wurde 1898 als Postamt und Museum erbaut. Es ist weithin erkennbar durch die Skulptur der von Giganten umspannten Erdkugel, ein Symbol für die Bedeutung der weltumspannenden Kommunikation.

**Kaffeehaus Dallmayr**
Frühstück oder Lunch, Patisserie und natürlich Kaffee- und Teespezialitäten · Tel. (0 30) 22 48 80 21 · Di–Fr 8–17, Sa/So 8–18 Uhr

**Museum für Kommunikation**
Leipziger Str. 16 · Mitte · Tel. (0 30) 20 29 40 · www.mfk-berlin.de · Di 9–20, Mi–Fr 9–17, Sa/So 10–18 Uhr · barrierefrei · U Stadtmitte

Sprich mit mir! Sehr kommunikativ und aufgeschlossen, dabei mehrsprachig, zeigen sich die kugelköpfigen Roboter im großen Lichthof des Museums

# 83 Naturkundemuseum

## Vom Einzeller bis zum Dinosaurier

Den allergrößten Auftritt macht das Museum gleich hinter der Tür: Im prächtigen Lichthof reckt sich der Hals eines Brachiosaurierskeletts 13 Meter hoch in die Lüfte. Es ist das weltgrößte Dinosaurierskelett. Daneben wirkt der Kentrosaurier fast winzig.

Wer hier durch die aufgebauten Ferngläser, die „Juraskope", späht, wirft einen Blick um 150 Millionen Jahre zurück und sieht, wie die Urtiere virtuell zum Leben erwachen. Schafft man es, sich von diesen beeindruckenden Anblicken wieder loszureißen, birgt das Museum noch viele weitere Momente voll Schönheit und Faszination.

Knut ist jetzt hier. Der ehemalige Star des Berliner Zoos sitzt weiß und plüschig in einer Vitrine, gleich neben dem in den 1930er-Jahren ähnlich berühmten Gorilla Bobby. Mag sein, dass am Rande die Fragen nach dem Ursprung und dem Sinn des Lebens gestellt und versuchsweise museumspädagogisch beantwortet werden – der Blick jedoch ruht auf den faszinierenden Fellen, Gefiedern und Gesichtern der vielen ausgestopften Tiere. Die Präparatoren des Naturkundemuseums tragen Weltmeistertitel. Offenbar zu Recht, denn ihre Werke sind, vom Küken bis zum Löwen, wirklich sehenswert.

Doch sie alle verblassen etwas hinter dem Superstar: Tristan Otto, im amerikanischen Montana ausgegraben und nun der einzige T-Rex in Europa, 160 Millionen Jahre alt, 12 Meter lang und 180 Knochen stark. Er ist eine Leihgabe aus Privatbesitz, wird aber über mehrere Jahre in Berlin erforscht. Ebenso wie 30 Millionen andere Einzelstücke, die sich im Depot befinden. Neben allein einer halben Million Wirbeltieren gehören dazu auch Tonaufnahmen und Mineralien.

Manche Archivregale stehen sogar direkt in der Ausstellung: Jene, in denen die Sammlung eingelegter Fische ausgestellt ist, ragen bis unter die Decke. Die unfassbare Menge der schlanken Gläser und darin schillernden Formen macht den Raum zu einem Gesamtkunstwerk. Weiter hinten gibt es auch noch Spinnen und Krebse zu bewundern.

Für Kurzbesuche: In der letzten halben Stunde ist der Eintritt frei.

**Museumsshop**
Jede Menge Souvenirs für Sauerierfans, auch online

**Museum für Naturkunde**
Invalidenstr. 43 · Mitte · Tel. (0 30) 20 93 85 91 · www.mfn-berlin.de ·
Di–Fr 9.30–18, Sa/So 10–18 Uhr · barrierefrei · U Naturkundemuseum

Die Berliner Prominenz gibt sich die Ehre: Neben Eisbär Knut ist auch Gorilla Bobby hier. Der jüngste Promi-Zugang aber heißt Tristan Otto und ist 160 Mio. Jahre alt

# 84 (Deutsches) Technikmuseum

## Menschen, die auf Züge starren

Man weiß gar nicht, wo man mit dem Erzählen anfangen soll: Bei den echten Schiffen? Den echten Flugzeugen? Den echten Loks? Oder einfach bei den echten Werkstätten? Für Schmuck, für Koffer, für Chemie? Den Filmen, die die technischen Entwicklungen als spannende Geschichten erzählen? Dass man vieles anfassen und ausprobieren kann? Wo beim Segeln der Wind herkommen muss, wie man ein Auto lenkt, wie ein Webstuhl funktioniert?

Man würde ja auch gerne alles erzählen, wenn man nach dem Wandern durch knapp 26 500 Quadratmeter Präsentationsfläche für Schiffe und Flugzeuge, Lokschuppen, Museumspark und Themenausstellungen nicht schon auf dem Heimweg erschöpft auf der Rückbank eingeschlafen wäre. Gut, wenn man unter 18 ist: Dann darf man jetzt jederzeit umsonst ins Museum und kann sich all die spannenden, technischen Details unserer Welt in kleineren Dosen zu Gemüte führen.

Das Deutsche Technikmuseum in Berlin ist ein riesiges Spielzimmer, in dem die Zusammenhänge unserer Welt erklärt werden. Da es so viele Bereiche abdeckt, ist für jeden etwas dabei. Auch ist immer etwas los, es gibt die unterschiedlichsten Vorführungen an den einzelnen Geräten,

Ausstellungsbereich Chemie und Pharmazie: In Hörstationen erzählen Moleküle die Geschichte ihrer Entdeckung

dazu Führungen für Groß und Klein.

Schön ist es obendrein: Ein offener, vierstöckiger Neubau setzt die Flugzeuge und Schiffe in Szene. Die historischen Gleisanlagen und Lokschuppen des ehemaligen Anhalter Güterbahnhofs beherbergen 40 Lokomotiven, im Beamtenhaus sind die Ausstellungen zu Film- und Fototechnik, Schmuckherstellung und Chemie untergebracht. Um die Ecke, in der Ladestraße, werden die Schätze der Abteilung Straßenverkehr und im Science Center Spectrum 150 physikalische Experimente präsentiert. Auch das Zucker-Museum ist inzwischen Teil des Museums. Mehrere Sonderausstellungen, die einzelne Themen tiefer beleuchten oder einen künstlerischen Blick auf die Dinge werfen, sind auch stets zu sehen. Der weitläufige Museumspark samt Windmühlen, Brauerei und Schmiede reicht bis an die Parkanlagen am Gleisdreieck heran und ist auch ein guter Ort für ein Picknick. Alternativ verköstigen gleich drei Lokalitäten das Publikum, neben dem Museumsrestaurant „Café Anhalt" im Hauptgebäude gibt es zwei Bistros am Anfang und Ende der Ladestraße.

**Museumsshop im Technikmuseum**

Im Haupthaus, mit tollen Souvenirs und den hauseigenen Schriftreihen · Di–Fr 10–17.30, Sa/So 10–18 Uhr

**Deutsches Technikmuseum**

Trebbiner Str. 9 · Kreuzberg · Tel. (0 30) 90 25 40 · www.sdtb.de · Di–Fr 9–17.30, Sa/So 10–18 Uhr · unter 18 Eintritt frei · größtenteils barrierefrei, taktile Informationssysteme · U Möckernstraße

Der Rosinenbomber vom Typ Douglas C-47 B „Skytrain" über der Terrasse des Neubaus ist das Wahrzeichen des Deutschen Technikmuseums

# Heimat- und Regionalmuseen

# FHXB Friedrichshain-Kreuzberg Museum

85

## Ein Hauch Achtzigerjahre

Das Kreuzberger Lokalmuseum ist genauso divers und international, wie man es von diesem Stadtteil erwartet. Es bietet ein Forum für alle Menschen, deren Leben im Bezirk stattfindet und schlägt digitale Brücken bis in deren Herkunftsgeschichte.

Die Dauerausstellungen im Museum wurden von den hier lebenden Menschen mitgestaltet, ein großes Stadtmodell und ein Stadtplan mit digitalen Zugangspunkten verorten die Erzählungen. Marginalisierte Positionen sind hier ein zentrales Anliegen.

Daneben gibt es aber auch klassische stadthistorische Exponate, zum Beispiel eine traditionelle Druckwerkstatt oder – als Außenstelle im ehemaligen Krankenhaus Bethanien – die historische Apotheke, in der Theodor Fontane arbeitete.

**FHXB Friedrichshain-Kreuzberg Museum**
Adalbertstr. 95a · Kreuzberg · Tel. (0 30) 50 58 52 33 · www.fhxb-museum.de · Di–Do 12–18, Fr–So 10–20 Uhr · größtenteils barrierefrei · Eintritt frei · U Kottbusser Tor

**Fontane-Apotheke im Bethanien**
Mariannenplatz 2 · Kreuzberg · Di/Do 14–17, Mi 11–17 Uhr

In ein altes Fabrikgebäude im Hinterhof gleich beim Kottbusser Tor ist das Kreuzberg Museum 1990 eingezogen, 2004 wurde das Heimatmuseum Friedrichshain integriert

# 86 Humboldt-Museum Schloss Tegel

## Idyllisches Kleinod mit Park am See

Es ist ein Wunder, dass das Schloss samt Originalmobiliar und der Kunstsammlung der Brüder Humboldt heute noch zu erleben ist.

Die Brüder Humboldt – Alexander ein berühmter Forscher und Weltreisender, Wilhelm Gelehrter, Bildungsreformer und Mitbegründer der Berliner Universität (die heute nach ihm benannt ist) – waren bedeutende Persönlichkeiten im Berlin des frühen 19. Jahrhunderts. Ihr Elternhaus am Tegeler See war ursprünglich ein Renaissance-Herrenhaus. Später wurde es nach Plänen von Friedrich Schinkel im Geist des Klassizismus umgestaltet. Bis heute wird das Anwesen von Nachfahren der Familie bewohnt.

Durch jahrzehntelanges Engagement gelang es den Humboldts, die im Zweiten Weltkrieg geplünderten Einrichtungsgegenstände zurückzuerhalten und zu einem runden Bild des 19. Jahrhunderts zusammenzufügen. Im öffentlich zugänglichen Park befindet sich auch die Familiengrabstätte.

**Humboldt-Museum Schloss Tegel**
Adelheidallee 19 · Tegel · Tel. (0 30) 4 34 31 56 · Zugang nur im Rahmen einer Führung: Mai–Sep. montags um 10, 11, 15 und 16 Uhr · nicht barrierefrei · U Alt-Tegel

Das Elternhaus von Wilhelm und Alexander von Humboldt. Auf ihr Konto gehen „Die Vermessung der Welt" und die Gründung der Berliner Universität

# Knoblauchhaus

## Berliner Biedermeier

87

Seien Sie zu Gast bei Familie Knoblauch! Damit befinden Sie sich in der illustren Gesellschaft von Karl-Friedrich Schinkel oder Friedrich Schleiermacher. Sie verkehrten – natürlich zu ihren eigenen Lebzeiten – ebenfalls in der Beletage des Rokoko-Palais in der Poststraße im Nikolaiviertel. Heute ist hier die Dauerausstellung „Leben im Biedermeier" zu sehen. Sie zeigt die mit Original-Mobiliar, Hausrat und auch vielen persönlichen Dokumenten ausgestatteten Räume der Familie, die in diesem Anwesen lebte und wirtschaftete und das Gesicht Berlins mitgestaltete.

Die Knoblauchs waren Vertreter des selbstbewussten Bürgertums ihrer Epoche, des Biedermeier. In der ersten Hälfte des 19. Jahrhunderts hatten Werte wie Familienleben und Häuslichkeit Hochkonjunktur. Diese Haltung spiegelt sich im Mobiliar wider, das elegant, aber nicht pompös, sondern zweckmäßig war.

**Knoblauchhaus**
Poststr. 23 · Mitte · Tel. (0 30) 24 00 21 62 · www.stadtmuseum.de/knoblauchhaus · Di–Do 12–18, Fr–So 10–18 Uhr · nicht barrierefrei · Eintritt frei · U Klosterstraße, U Rotes Rathaus

Auch die Gebrüder Humboldt zählten zu den Freunden des Seidenhändlers und Politikers Carl Knoblauch, dessen Original-Wohnräume hier zu besichtigen sind

# 88 Märkisches Museum

## Geschichts-Collage

Die außergewöhnliche Architektur des Gebäudes spiegelt seine Aufgabe: Eine historische Sammlung zum Leben in Berlin und Brandenburg soll es bieten. Die Mark Brandenburg war einst Kernland des preußischen Staats und so wurde das Bauwerk von Stadtbaurat Ludwig Hoffmann ursprünglich als Märkisches Provinzialmuseum entworfen und realisiert. Als Architektur-Collage zitiert es historische Gebäude und Baustile aus Brandenburg: halb Backstein-Kathedrale der norddeutschen Gotik, halb Renaissanceschloss. Der Turm nimmt es wie der des nahe gelegenen Roten Rathauses selbstbewusst mit der Höhe der Schlosskuppel auf und setzte so ein Zeichen des erwachenden bürgerlichen Selbstbewusstseins im späten 19. Jahrhundert. Er ist der Bischofsburg von Wittstock nachgebildet.

Auch im Inneren war das Museum bisher ein Kessel Buntes: Mittelalterliche Skulpturen, Möbel und ganze Einrichtungen wie die eines historischen Friseursalons, Alltagsgegenstände, Architektur- und Tiermodelle sowie eine Sammlung mechanischer Musikautomaten zeichneten ein Bild Berlins von den ersten Fischerhütten im Sumpf bis zu Industrialisierung und Mauerbau.

Derzeit allerdings wird gründlich überarbeitet und das Museum ist geschlossen. Nach der aktuell für 2026 geplanten Wiedereröffnung wird es zusammen mit dem benachbarten Marinehaus den Kern eines neuen Museums- und Kreativquartiers am Köllnischen Park bilden.

Schon heute ist das Märkische Museum Herz der Stiftung Stadtmuseum, die noch viel mehr zu bieten hat. Im Nikolaiviertel gehören das Ephraim-Palais aus dem Rokoko (▸ Seite 35), das Knoblauchhaus aus dem Biedermeier (▸ Seite 129) sowie die 800 Jahre alte Nikolaikirche (▸ Seite 139) dazu. Einen Ausflug ins Mittelalter kann man im Museumsdorf Düppel in Zehlendorf unternehmen (▸ Seite 91). Im Humboldt Forum im Berliner Stadtschloss ist die Stiftung Stadtmuseum auf 4000 Quadratmetern mit der Ausstellung *Berlin Global* präsent (▸ Seite 20).

Gleich hinter dem Museum zeigt die kommunale Galerie im ehemaligen Bärenzwinger Ausstellungen zeitgenössischer Kunst.

**Märkisches Museum für Stadtgeschichte**
Am Köllnischen Park 5 · Mitte · Tel. (0 30) 24 00 21 62 · www.stadtmuseum.de · voraussichtlich geschlossen bis 2026 · U Märkisches Museum

**Bärenzwinger**
Tel. (0 30) 9 01 83 74 61 · www.baerenzwinger.berlin · Di–So 11–19 Uhr

Das Gebäude des 1908 eröffneten Märkischen Museums ist eine architektonische Collage verschiedener historischer Baustile aus dem Land Brandenburg

# 89 Mitte Museum

## Die Stadt steht Kopf

„Mitte“ meint hier natürlich den Berliner Stadtbezirk Mitte, zu dem nach der Bezirksreform auch die Stadtteile Tiergarten und Wedding gehören. So wird heute der vereinte Bestand von ehemals drei regionalgeschichtlichen Museen im Weddinger Schulhaus komprimiert präsentiert.

Eingangs führt eine raumlange, detaillierte Zeitleiste durch die Historie. Dann verbildlichen Re-Inszenierungen und sehr schöne Gemälde von Alltagssituationen anschaulich die Berliner Lebensbedingungen des 19. und frühen 20. Jahrhunderts. Weitere Themen sind die Industrialisierung im Wedding, der Kunsthandel in Tiergarten oder das Robert-Koch-Institut. Ein riesiges Stadtteil-Modell lässt trotz seiner Größe Platz für anderes: Es ist kopfüber an der Decke aufgehängt.

**Mitte Museum**
Pankstr. 47 · Wedding · Tel. (0 30) 46 06 01 90 · www.mittemuseum.de · So–Fr 10–18 Uhr · barrierefrei · Eintritt frei · U Pankstraße

**Dependance im historischen Bürgermeisterzimmer im Rathaus Tiergarten**
Mathilde-Jacob-Platz 1, 2. OG, Raum 234 · Tiergarten · Mo–Fr 10–18 Uhr · Eintritt frei

Hier gewinnt man Überblick: der Bezirk Mitte von oben, aber zu sehen von unten

# Museum Charlottenburg-Wilmersdorf

90

## Bürgerlicher Kontrapunkt am Schloss

Das regionalgeschichtliche Museum des Bezirks Charlottenburg-Wilmersdorf ist in der direkten Nachbarschaft des Charlottenburger Schlosses angesiedelt – doch liegt der Schwerpunkt seiner Präsentation gerade nicht auf der Geschichte des adeligen Preußens. Vielmehr wird der Geschichte der freien Stadt Charlottenburg nachgespürt, die um 1900 wohlhabend und selbstbewusst war. Dazu gehört auch eine eigene zeittypische Kunstsammlung, die von Stadt und Mäzenen bewusst und als Statussymbol aufgebaut wurde. Berliner Secession, Liebermann, Menzel – sehenswert!

In der Dauerausstellung „WESTEN!" geht es um die besondere Rolle des Bezirks als „City-West" – zweites Stadtzentrum neben der historischen Mitte.

**Café Villa Oppenheim**
Drinnen oder auf der Terrasse genießt man Kaffee und frisch gebackenen Kuchen · www.cafevillaoppenheim.de · Di–Sa 11.30–18, So 10–18 Uhr

**Museum Charlottenburg-Wilmersdorf in der Villa Oppenheim**
Schloßstr. 55 · Charlottenburg · Tel. (0 30) 9 02 92 41 06 · www.villa-oppenheim-berlin.de · Di–Fr 10–17, Sa/So 11–17 Uhr · barrierefrei · Eintritt frei · U Sophie-Charlotte-Platz

Das Museumsgebäude von 1881/82 stammt aus der Zeit des erblühenden, bürgerlichen Charlottenburg. Es war das Sommerhaus der Familien Oppenheim und Mendelssohn

# 91 Museum Köpenick und Museum Treptow

## Von Ausgrabungen und Abstürzen

Köpenick ist älter als Berlin und war im Mittelalter sogar die bedeutendere Gemeinde. Schon das Museumsgebäude selbst, in einem 350 Jahre alten Fachwerkbau in der malerischen Köpenicker Altstadt, ist lebendige Geschichte. Gezeigt werden archäologische Funde und historische Exponate. Außerdem gibt es ein Archiv.

Köpenick bildet heute einen Bezirk mit Treptow, daher befindet sich dort der zweite Teil des Museums, untergebracht im früheren Rathaus von Johannisthal. Schwerpunkte sind hier die Geschichte des historischen Flugplatzes und seiner Flugpioniere, die Kolonialausstellung des Jahres 1896 und der damit verbundene Rassismus und Schwarzer Widerstand.

**Museum Köpenick**
Alter Markt 1 · Köpenick · Tel. (0 30) 9 02 97 33 51 · www.berlin.de/museum-treptow-koepenick · Di/Do 10–18, Mi 10–16, So 14–18 Uhr · eingeschränkt barrierefrei · Eintritt frei · Tram 27, 61, 62, 63, 67, 68 Rathaus Köpenick

**Museum Treptow**
Sterndamm 102 · Treptow · Mo/Do 10–18, Di 10–16, So 14–18 Uhr · eingeschränkt barrierefrei · Eintritt frei · Tram 60 Johannisthal Kirche

Museum mit zwei Standorten: Stadtgeschichte wird hier in der Altstadt Köpenicks gezeigt, Flugplatz und Weltausstellung sind Themen in Treptow

# Museum Reinickendorf

## Semnonen und Berliner

92

Wo die Stadt im Norden mit Villen und Gartensiedlungen in die märkische Landschaft hinauswächst, steht das alte Hermsdorfer Schulhaus, in dem das Museum untergebracht ist. Es präsentiert historische Interieurs, beispielsweise ein Schulzimmer oder eine Arztpraxis, und widmet sich den Persönlichkeiten, die in der Nähe lebten. Dazu gehören Erich Kästner und Hannah Höch. Seit 2019 ist der Künstlerin ein eigener Ausstellungsraum gewidmet.

Mit Ausgrabungsfunden vom Tegeler Fließ reicht der Blick zurück bis in die Eiszeit. Dagegen sind die Gebäude, die die besondere Attraktion des Museums ausmachen, geradezu jung: Der Nachbau eines germanischen Gehöfts macht das Leben der zwischen 500 v. Chr. und 500 n. Chr. hier ansässigen Semnonen erlebbar.

Im hinteren Gebäude zeigt die GalerieETAGE Ausstellungen zeitgenössischer Berliner Kunst.

**Museum Reinickendorf**
Alt-Hermsdorf 35 · Reinickendorf · Tel. (0 30) 4 04 40 62 · www.museum-reinickendorf.de · So–Fr 9–17 Uhr · barrierefrei · Eintritt frei · S Hermsdorf

Historisches Klassenzimmer im alten Hermsdorfer Schulhaus, aber im Hinterhof gibt's Geschichtsunterricht zum Anfassen: Dort wurde ein semnonisches Gehöft nachgebaut

# 93 Museum Pankow und Außenstellen

## Die Brunzels, die Heyns und ihre Nachbarschaft

Der heutige Bezirk Pankow ist ein Zusammenschluss der Stadtteile Prenzlauer Berg, Weißensee und Pankow selbst, dementsprechend kann auch das Bezirksmuseum auf mehrere stadtgeschichtliche Sammlungen zurückgreifen. Sein Herz schlägt mitten im Kollwitzkiez am Wasserturm: Eine Dauerausstellung beschäftigt sich hier mit den Auswirkungen der Wende am Beispiel der Veränderung konkreter Orte im Prenzlauer Berg. Darüber hinaus finden wechselnde Ausstellungen zur Geschichte des ganzen Bezirks statt.

Mit dieser Grundbildung ausgestattet, macht man sich auf den Weg zu den historischen Originalschauplätzen. Die Museumswohnung in der Dunckerstraße ist vom Haupthaus mit einem strammen Fußmarsch zu erreichen. „Zimmermeister Brunzel baut ein Mietshaus" lautet hier das Motto der Ausstellung, die den Bauboom zu Beginn des 20. Jahrhunderts im damaligen Neubaugebiet Prenzlauer Berg thematisiert. Um 1895 baute Brunzel ein Wohnhaus nahe des Helmholtzplatzes und zog auch selbst ein. Obwohl er mit dem Projekt finanziell scheiterte, ist heute ein kleines Museum mit originalen Utensilien in seinen ehemaligen Wohnräumen eingerichtet.

Etwas weiter ist es bis zur Muse-

Leben und Wohnen im Prenzlauer Berg um 1900: Original-Kücheneinrichtung der Familie Brunzel in der Dunckerstraße

umswohnung in der Pankower Heynstraße. Hier herrschte ein anderer Lebensstandard: Das Anwesen gehörte dem Stuhlrohrfabrikanten Fritz Heyn. Seine ledigen Töchter lebten hier gemeinsam bis zu ihrem Tod in den 1970er-Jahren. So blieb der Originalzustand der Wohnung weitgehend erhalten und vermittelt heute einen Einblick vom Leben des Großbürgertums um 1900. Damals war Neorokoko in Mode, das Herrenzimmer, der Salon und ein weiteres Zimmer sind mit Originalmobiliar, Kachelöfen, Kronleuchtern und Alltagsgegenständen ausgestattet. Daneben findet sich auch Platz für wechselnde Ausstellungen.

Dem Leben am Stadtrand ist man in Blankenfelde auf der Spur: Hier geht es um historische Landwirtschaft und das Zusammenspiel von Kultur und Natur – auch in der Zukunft. Netterweise mit Hofcafé.

**Museum Pankow**
Prenzlauer Allee 227/228 · Prenzlauer Berg · Tel. (0 30) 9 02 95 39 17 · www.berlin.de/museum-pankow · Di–So 10–18 Uhr · Eintritt frei · U Senefelderplatz

**Museumswohnung in der Dunckerstraße 77**
Prenzlauer Berg · Do–Di 11–16.30 Uhr · S Prenzlauer Allee

**Museumswohnung Heynstraße 8**
Pankow · Tel. (0 30) 9 02 95 39 17 · Di, Do, Sa/So 10–18 Uhr · Eintritt frei · S/U Pankow

**Ausstellung im Stadtgut Blankenfelde mit Café Traktorista**
Hauptstr. 24–30 · Blankenfelde · Mo/Di 14–18, Fr/Sa/So 12–18 Uhr · Eintritt frei · Bus 107 Hauptstr./Berliner Str.

Um einiges herrschaftlicher residierten zur selben Zeit die großbürgerlichen Heyns in Pankow: Neo-Rokoko war en vogue

# 94 Museen der Zitadelle Spandau

## Spandauer Stadtgeschichte am Originalschauplatz

Museal ist schon der Bau selbst: Die Spandauer Burg am Havelufer aus dem 16. Jahrhundert gilt als eine der bedeutendsten und besterhaltenen Festungen der Hochrenaissance in Europa. Sie verfügt standesgemäß über Wassergraben, Bastionen, Zugbrücke, Burgfried, Pulverkeller, Schlossschänke, jede Menge Fledermäuse und (bestimmt) ein Gespenst. Darüber hinaus hat sie einen eigenen U-Bahn-Anschluss.

In der Anlage gibt es mehrere Galerien und drei Museen. Das Kommandantenhaus zeigt Exponate zur Geschichte der Festung, während sich im Zeughaus das Stadtgeschichtliche Museum Spandau befindet. Im Proviantmagazin stehen all die Statuen, die im Stadtbild kein Zuhause mehr haben, darunter Lenins Kopf vom Platz der Vereinten Nationen. Das Zentrum für Aktuelle Kunst ergänzt das Ausstellungsgeschehen.

**Café Mätresse**
Kaffee und Kuchen im Torhaus der Burg, mit Terrasse

**Museen der Zitadelle Spandau**
Am Juliusturm 64 · Spandau · Tel. (0 30) 3 54 94 42 64 · www.zitadelle-spandau.de · Fr–Mi 10–17, Do 13–20 Uhr · weitgehend barrierefrei · U Zitadelle Spandau

Stadtgeschichte am historischen Ort. Die Zitadelle Spandau als vollständige mittelalterliche Burg ist eine Sehenswürdigkeit für sich

# Nikolaikirche

## Doppelspitze und Spitzentuch

95

Der spitze Doppelturm der Museumskirche ragt über das Nikolaiviertel. Lange fehlten die Türme im Stadtbild: Nach der Zerstörung im Zweiten Weltkrieg wurde die Kirche erst zur 750-Jahr-Feier Berlins wieder aufgebaut.

In den vergangenen 800 Jahren war das Gebäude Schauplatz zahlreicher stadthistorischer Ereignisse, zum Beispiel Vereidigungsort der ersten Berliner Stadtverordnetenversammlung und auch des ersten Berliner Abgeordnetenhauses nach der Wende. Im Untergeschoss beherbergt es die wohl ältesten Räume Berlins, im Kirchenschiff sind die Ausstattung und archäologischen Funde zur Stadtgeschichte ausgestellt. Ein Highlight ist das aufwendig gestickte, 700 Jahre alte Zehdenicker Altartuch. Den zwischenzeitlich lange verschollenen Münzschatz aus dem Turmknauf gibt es auch zu sehen und regelmäßig finden Konzerte statt, zum Beispiel jeden Freitag um 17 Uhr ein Kurz-Konzert von 30 Minuten.

**Nikolaikirche**
Nikolaiplatz · Mitte · Tel. (0 30) 24 00 21 62 · www.stadtmuseum.de · tgl. 10–18 Uhr · Kirchenschiff barrierefrei, Ausstellungserweiterung für Sehbehinderte · U Rotes Rathaus

Der Bau der Nikolaikirche markiert die Stadtgründung um 1230. Heute werden hier Exponate aus 800 Jahren Stadtgeschichte präsentiert

# Besondere Museen

# Anti-Kriegs-Museum

96

## Leider notwendig

Das Anti-Kriegs-Museum wird bald hundert Jahre alt – sein Gründer Ernst Friedrich verbreitete einst Fotos von Kriegsverletzten, um gegen den Unsinn des Krieges zu demonstrieren. Einen Teil dieser Dokumente beherbergt auch das heutige Museum noch, das Enkel Tommy Spree inzwischen auch schon seit über 40 Jahren betreibt, nun in einem Laden im Wedding. Außerdem gibt es originale Objekte, die die Berliner dem Haus vermacht haben: Soldbücher, tragbare Bettchen, in denen Babys vor Giftgas geschützt werden sollten, oder jene Kellertür mit einer Strichliste der Bombennächte.

Über eine Treppe gelangt man in einen Luftschutzkeller aus dem Zweiten Weltkrieg, der mit vielen Originalteilen ausgestattet ist und einen Eindruck von der beklemmenden Atmosphäre durchwachter Bombennächte vermittelt. Andere Ausstellungsteile widmen sich den Friedensbewegungen, in Sonderausstellungen wird Kunst gezeigt.

**Anti-Kriegs-Museum**
Brüsseler Str. 21 · Wedding · Tel. (0 30) 45 49 01 10 · www.anti-kriegs-museum.de · tgl. 16–20 Uhr · Eintritt frei · U Seestraße / U Amrumer Straße

„Frieden schaffen ohne Waffen“ oder „Schwerter zu Pflugscharen“ – friedensbewegte Buttons und Aufkleber sind in die Popkultur eingegangen

# 97 Blinden-Museum

## Hören, Tasten, Spüren

Dieses Museum empfängt schon in der Toreinfahrt mit sanfter Musik – sie markiert den Durchgang zum Anwesen der ehemaligen Preußisch-Königlichen Blindenanstalt, auf dem sich heute zwei Schulen für Blinde und Sehbehinderte mit einer über 200-jährigen Tradition befinden. Das Blinden-Museum ist ebenfalls bereits über 100 Jahre alt und richtet sich an Sehende wie an Nicht-Sehende. Seine Bestände erhellen die Geschichte der Hilfsmittel, die das alltägliche Leben ohne visuelle Orientierung leichter machen: etwa Schreibmaschinen für Blinde, Reliefgloben, Hörfilme und Spiele.

Eine wichtige Rolle kommt der Braille-Schrift zu: Das Alphabet aus sechs variierenden Punkten wurde Anfang des 19. Jahrhunderts von dem erst 16-jährigen Louis Braille entwickelt und ist mit den Fingern lesbar. Derzeit wird das Museum renoviert und soll im Sommer 2023 wiedereröffnet werden – dann barrierefrei!

**Deutsches Blinden-Museum**
Rothenburgstr. 14 · Steglitz · Tel. (0 30) 79 70 90 94 · www.blindenmuseum-berlin.de · Mi 15–18 Uhr · barrierefrei · Eintritt frei · S/U Rathaus Steglitz

Auch für die Punktschrift Braille gibt es selbstverständlich Schreibmaschinen

# Buchstabenmuseum

## Strahlende Wegweiser

98

Seit etwas über 100 Jahren kann Schrift leuchten. Seither weisen Leuchtbuchstaben den Weg durch die Stadt. Das dokumentiert die etwa 800 Schriftzüge und Leuchtelemente starke Sammlung des Buchstabenmuseums. In der Dauerausstellung wird neben der Neonröhren-Technik auch die Typografie erklärt – ein Ausflug in die Geschichte des Designs.

Berlin-Nostalgiker finden in Ausstellung und Schaulager altbekannte Reklame-Schriftzüge aus Ost und West wieder. Darunter ist zum Beispiel der geschwungene Schriftzug „Zierfische" des einstigen Zoogeschäfts am Frankfurter Tor. Auch zwei Buchstaben vom U-Bahnhof Alexanderplatz gibt es.

Der Besuch verändert die Wahrnehmung der Stadt: Besonders Leuchtbuchstaben sind, wie man feststellen wird, eine aussterbende Art. Deshalb wird die Sammel-, Bewahrungs- und Restaurationstätigkeit des Museums von einem Verein unterstützt.

**Buchstabenmuseum**
Stadtbahnbogen 424 · Mitte · Tel. (01 77) 4 20 15 87 · www.buchstabenmuseum.de · Do–So 13–17 Uhr · eingeschränkt barrierefrei · S Bellevue, U Hansaplatz

Leuchtbuchstaben aus teils kunstvoll gebogenen Neonröhren verschwinden mehr und mehr aus dem Stadtbild, im Buchstabenmuseum dürfen sie weiterstrahlen

# 99 Bud Spencer Museum

## Pilgerstätte für Buddies

„Vier Fäuste für ein Halleluja" – für viele Kinder der 1970er- und 80er-Jahre war er der Held schlechthin: Bud Spencer, auch bekannt als „Plattfuß", „Nilpferd" oder „Bulldozer". Mit dem Herz auf dem rechten Fleck und der Durchsetzungskraft der Faust pflügte er wortkarg und zuverlässig variantenarm dem Happy End entgegen. Seine Fans lieben ihn dafür – und seine Familie offenbar auch, denn die hat eigenhändig für den 2016 verstorbenen Carlo Pedersoli das Bud Spencer Museum eingerichtet. Gezeigt werden Filmrequisiten, aber es gibt auch zahlreiche private Einblicke sowie eine lebensgroße Bud-Spencer-Figur.

Und natürlich die Filme: Buds Movie Night zeigt jeden Samstag ab 19.30 Uhr ein Filmprogramm (im Winter nur am letzten Sa/Monat).

**Wild West Museums Saloon**
Speisen und Getränke, darunter Eis von Terence Hills „Gelateria Girotti" aus Umbrien, Fanartikelshop

**Bud Spencer Museum**
Unter den Linden 10 · Mitte · Tel. (0 30) 20 67 16 98 · www.budspencer-museum.com · tgl. 10–19 Uhr · U Unter den Linden

Auch in Wachs eine ziemlich imposante Erscheinung: Bud Spencer

# Disgusting Food Museum

## Über Geschmack lässt sich streiten

100

Dieses kleine Museum erzählt uns etwas über die Vielfältigkeit dieser Welt – und gleichzeitig über uns selbst. Denn es geht um das Essen, und das ist ja bekanntlich Geschmacksache. Der Geschmack aber hat sich, ganz offenbar, in unterschiedlichen Regionen unterschiedlich entwickelt.

Unter den ausgestellten Lebensmitteln aus aller Welt finden sich Frosch-Smoothies aus Peru oder die berüchtigte Durian-Frucht aus Thailand, fermentierter isländischer Grönlandhai oder Käse, in dem es noch krabbelt. Der Rundgang, bei dem man viel Neues erfährt, an manchen Exponaten auch schnuppern und am Ende einiges sogar probieren kann, ist dem Gefühl des Ekels gewidmet. Ein Instinkt, der uns schützen möchte. Kann man ihn aushalten? Lohnt es sich, ihn zu überwinden? Und finden wir da nicht vielleicht sogar ein paar Lebensmittel, die hier ganz normal sind, für die aber internationale Gäste die Spucktüte benötigen?

**Disgusting Food Museum**
Schützenstr. 70 · Mitte · Tel. (0 30) 32 59 98 52 · www.disgustingfoodmuseum.berlin · Fr–Di 12–18 Uhr · barrierefrei · U Stadtmitte

„Disgusting" sind hier nicht nur ekelhaft aussehende Gerichte à la Dschungelcamp, sondern auch die zum Teil unwürdigen Bedingungen bei der Lebensmittelproduktion

# 101 Gründerzeitmuseum

## Originale Ensembles

Willkommen in der Gründerzeit! Die Fahrt an den östlichen Stadtrand entführt in die bis zum letzten Löffelchen vollständige Welt einer vergangenen Epoche.

Ende des 19. Jahrhunderts führten die französischen Reparationszahlungen zu einer historisierenden, prunkvollen Retromode in Sachen Einrichtung und Architektur. Charlotte von Mahlsdorf, die berühmteste Transfrau der DDR, begeisterte sich für diesen Stil. Sie sammelte mit Leidenschaft Gegenstände und komplette Zimmereinrichtungen, darunter sogar Räume aus der Mulackritze, einer Kneipe in der Berliner Mitte, in der auch Heinrich Zille schon zu tief ins Glas gesehen hatte. Mahlsdorf fand schließlich auch die passende Umgebung für ihre Sammlung: Sie ermöglichte die Sanierung des spätklassizistischen Gutshauses und ließ außerdem den Park rundherum originalgetreu wiederherstellen.

**Gründerzeitmuseum im Gutshaus Mahlsdorf**
Hultschiner Damm 333 · Hellersdorf · Tel. (0 30) 5 67 83 29 · www.gruenderzeitmuseum-mahlsdorf.de · Mi, So 10–18 Uhr · Gruppen nur nach Absprache außerhalb der Öffnungszeiten · S Mahlsdorf / Tram 62 Alt Mahlsdorf

Mit ganz viel Liebe zum Detail wurden die Räumlichkeiten mit Originalmöbeln und Objekten der Gründerzeit eingerichtet

# Hanf Museum

**Peace, ey!**

**102**

Es riecht irgendwie medizinisch. Das liegt am frischen Hanf, der in einer dicken Garbe im Museum steht – „landwirtschaftlicher" Hanf, wohlgemerkt. Frisches Grün soll regelmäßig hinein in die Räume am Mühlendamm, in denen der Geschichte der Hanfverarbeitung und den unzähligen Möglichkeiten, die Pflanze zu nutzen, nachgegangen wird.

Über 50 000 Produkte kann man aus Hanf herstellen, der in drei Monaten auf volle Höhe von bis zu drei Metern wachsen kann. Vom Seil über Textilien und Baustoffe bis hin zu therapeutischen und – natürlich – freizeitorientierten, inneren Anwendungen reicht die Palette. Vieles davon wird im Museum dargestellt.

Die Ausstellung ist ein Plädoyer für den vernunftorientierten Umgang mit dieser traditionellen Nutzpflanze und auch mit ihrer Rolle in der Drogenpolitik.

**Museumscafé**
Mit Hanfkaffee und Hanftee, Museumsladen mit Hanfprodukten

**Hanf Museum**
Mühlendamm 5 · Mitte · Tel. (0 30) 2 42 48 27 · www.hanfmuseum.de ·
Di–Fr 10–20 , Sa/So 12–20 Uhr · eingeschränkt barrierefrei · U Rotes Rathaus

Nein, das ist kein Kiffermuseum! Hanf hat unzählige praktische und medizinische Anwendungsmöglichkeiten

# 103 Keramik-Museum Berlin

## Ton, Steine, keine Scherben

Ein niedriges, gemütlich aussehendes Haus, Baudenkmal aus dem Jahr 1712, ist das Domizil des Berliner Keramik-Museums. Eine überdachte Holztreppe führt zum Obergeschoss, die Ruine eines im Krieg zerstörten Tanzsaals schließt den Innenhof malerisch mit einer Reihe Bögen ab. Die fragile Aura des Anwesens entspricht dem zerbrechlichen Gut, das hier liebevoll umhegt und ausgestellt wird.

7 000 Keramiken umfasst die Sammlung, von der immer nur ein Bruchteil gezeigt werden kann. In Sonderausstellungen wird auch zeitgenössisches und internationales Kunsthandwerk präsentiert. In der direkt benachbarten Galerie kann man ebenfalls Keramiken bewundern, aber auch kaufen. Nur fünfzig Meter weiter befindet sich ein Laden mit Produkten der bekannten Keramikerin Hedwig Bollhagen.

**Bollhagen-Shop der Galerie Theis**
Wilmersdorfer Str. 9 · Di–Sa 14–18 Uhr, Mo 17–18 Uhr

**Keramik-Museum Berlin**
Schustehrusstr. 13 · Charlottenburg · Tel. (0 30) 3 21 23 22 · www.keramik-museum-berlin.de · Fr–Mo 13–17 Uhr · U Richard-Wagner-Platz

Fragile Exponate: Nur ein „Bruchteil“ des Sammlungsbestands kann hier in jeweils wechselnden Ausstellungen gezeigt werden

# Körperwelten

## Das Geschäft mit der Gänsehaut

104

Berühmt wurde Chef-Plastinator Gunther von Hagens mit den Wanderausstellungen „Körperwelten", die anfangs von großem Medienrummel begleitet wurden und nach wie vor auf Reisen sind. Zusätzlich befindet sich im Sockel des Fernsehturms ein festes Quartier. Teils spektakulär inszeniert, seziert und plastiniert, geben die ausgestellten Leichen Einblick in das Körperinnere.

Ja, die Leichen – welche Erkrankung oder Veränderung die gespendeten Körper im Laufe ihres Lebens erlitten haben, ist nun Inhalt der Ausstellung. Damit möchte das Museum über das Innere und die Funktionen des menschlichen Körpers aufklären und das Interesse an Anatomie und Physiologie wecken. Außerdem geht es darum, die Auswirkungen von Krankheiten, Störungen, aber auch ungesunder Lebensweise auf die Gesundheit aufzuzeigen und so dazu zu inspirieren, bewusster und gesünder zu leben.

**Körperwelten**
im Fernsehturm am Alexanderplatz · Panoramastr. 1a · Mitte · Tel. (0 30) 8 47 12 55 26 · www.koerperwelten.de/stadt/berlin · tgl. 10–19 Uhr · barrierefrei · S/U Alexanderplatz

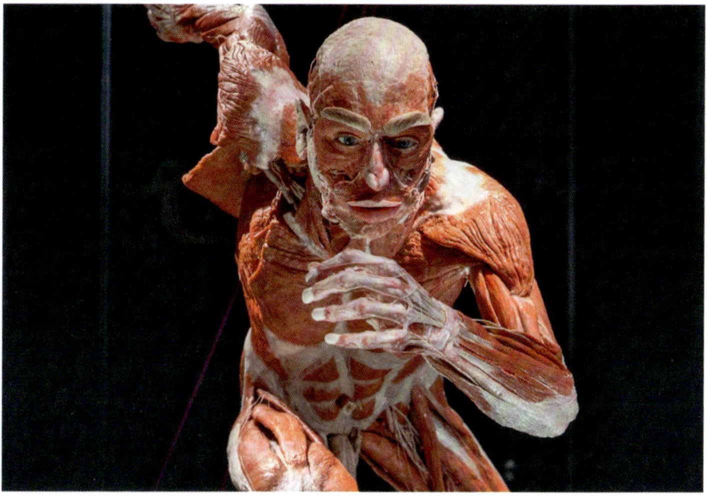

Für einen Toten ziemlich sportlich: Die meisten Körper wurden so präpariert, dass sie dynamische Positionen demonstrieren

# 105 Magicum – Berlin Magic Museum

## Tricks und Traditionen

Steigen wir hinab in die Welt der Magie und Mystik. Im denkmalgeschütztem Gewölbe wird es zauberhaft – viele Exponate widmen sich dem Übersinnlichen, dem Geheimen und den Riten aus aller Welt. Es wird erklärt, wie Menschen erhofften und erhoffen, die Zukunft zu erfahren, die Vergangenheit heraufzubeschwören oder die Gegenwart durch Zauberkraft zu beeinflussen. Oder aber sich der Magie zu erwehren – wenn es zum Beispiel um Hexenkunst geht.

Andere versuchten, der Magie wissenschaftlich auf die Spur zu kommen: mit Alchemie. Mythen und Märchen werden erzählt, Wahrsagerei, aber auch religiöse Riten anschaulich dargestellt. Wo Magie ist, ist auch Illusion, auch der lässt sich auf die Schliche kommen. Das Museum ist interaktiv, steckt voller Rätsel und Tricks, die spielerisch ausprobiert werden können. Außerdem gibt es am Wochenende Zaubershows und einen Museumsshop mit Glücksbringern und Ritualbedarf.

**Magicum – Berlin Magic Museum**
Große Hamburger Str. 17 · Mitte · Tel. (030) 28 87 56 35 · www.magicum-berlin.de · tgl. 11–18 Uhr · nicht barrierefrei · S Hackescher Markt

Alchemistenlabor mit allerlei geheimnisvollem Equipment

# Polizeihistorische Sammlung

106

## Kein Fall ist je vergessen

Vom Mordmesser bis zum Fluchttunnel: Im Polizeimuseum sind die Dokumentationen und Tatwaffen spektakulärer Verbrechen am spannendsten. Daneben ist die Ausrüstung zu sehen, die die Ordnungskräfte im Kampf für jeweiliges Recht und jeweilige Ordnung 800 Jahre lang einsetzten, darunter Uniformen und Ermittlungswerkzeug. Auch der polizeiliche Arbeitsalltag in Vergangenheit und Gegenwart, in Ost und West, wird dargestellt, ebenso wie die Zusammenführung nach der Wende. Der Ausstellungsbetreuer ist ein „echter" Polizist und beantwortet Fragen aus erster Hand.

Stolz ist man auch auf den historischen Fuhrpark am Standort Lankwitz: In der Oldtimer-Flotte der Polizei befinden sich Motorräder, Polizeiwagen sowie Sonderfahrzeuge.

**Polizeihistorische Sammlung**
Platz der Luftbrücke 6 · Tempelhof · Tel. (0 30) 46 64 76 14 50 · www.phs-berlin.de · Mo–Mi 9–15 Uhr · nicht barrierefrei · Erwachsene benötigen Pass oder Personalausweis · U Platz der Luftbrücke
Abteilung Technik & Oldtimer: Eiswaldtstr. 2–18 · Lankwitz · Besichtigung auf Anfrage · Bus M82 Eiswaldtstraße

Die legendären Ganoven Franz und Erich Sass waren in den 1920er-Jahren „Vorreiter" in der Technik des Tresorknackens. Respekt!

107

# Puppentheater-Museum Berlin

## An seidenen Fäden

Von wegen Kinderkram: Das Puppentheater war ursprünglich eine Spielform für Erwachsene, die Low-Budget-Version der großen Bühne quasi. Dementsprechend behandelten die Stücke klassischen Volkstheater-Stoff, hatte es der Kasper noch faustdicker hinter den Ohren als heute – und apropos „Faust“: Sogar Goethe war ein Puppentheater-Dramatiker!

Der Sammlungsbestand des Puppentheaters Neukölln wächst seit den 1970er-Jahren. Im Stadtraum verstreut beherbergen acht Depots rund 25 000 Objekte. Die fantastischen Figuren sind zum Beispiel Handpuppen, Stabfiguren, Marionetten, Schattentheater- oder spezielle Trickfiguren. Es werden wechselnde Sonderausstellungen gezeigt und natürlich wird im Haus auch täglich Puppentheater gespielt. Das Archiv macht Fachliteratur und historische Dokumente zugänglich und die Figuren werden hier auch restauriert.

**Puppentheater-Museum Berlin**
Karl-Marx-Str. 135 · Neukölln · Tel. (0 30) 6 87 81 32 · www.puppentheater-museum.de · Di–So 14–18 Uhr (vormittags 10–14 Uhr nur für Gruppen und mit Anmeldung) · barrierefrei · U Rathaus Neukölln

Herrrreinspaziert, meine Herrschaften! Puppentheater war früher Volkstheater für Erwachsene, mit charismatischen Darstellern, wie man sieht, nur ohne große Bühne

# Sport- und Wassersportmuseum 108

## Museen in Bewegung

Ganz im Westen und ganz im Osten Berlins befinden sich die beiden Standorte des Sportmuseums, auf die sich zukünftig die umfangreichste und vielfältigste Sportsammlung der Republik verteilen wird. An beiden Standorten wird derzeit umgebaut.

Im Museum im Olympiapark kann man ab 2025 multimedial und körperlich interaktiv in die Sportgeschichte eintauchen. Derzeit gibt es Führungen auf dem Gelände und kulturelle Projekte im Archiv.

In Grünau werden seit 1880 Ruder- und Kanuregatten ausgetragen. Zur Kaiserzeit kamen bis zu 50 000 Zuschauer an die Ufer der Dahme. Nach wie vor finden hier internationale Wettkämpfe im Motorbootsport statt. Die neuen Ausstellungsräume der Sammlung zum Wassersport eröffnen 2024 unter der Tribüne.

**Sportmuseum im Olympiapark**
Hanns-Braun-Str. · Westend · Tel. (0 30) 902 23 13 94 · https://sportmuseum.hypotheses.org · Eröffnung geplant für 2025 · S Olympiastadion

**Wassersportmuseum Grünau**
ab 2024: Regattastr. 191 · Grünau · Tel. (0 30) 674 40 02 · S Grünau
Interimsausstellung im Olympiacafé: Regattastr. 211 · Mi/letzter Sa im Monat 10–16 Uhr

Das Haus des Deutschen Sports ist schon jetzt Bestandteil des Führungsangebots, während das Sportmuseum 2025 in der umgebauten Maifeldtribüne wiedereröffnen soll

# 109 Samurai Museum Berlin

## Der Weg des Kriegers

Ein faszinierender Ausflug ins historische Japan: In gedämpftem Licht breitet der Sammler Peter Janssen seine enorme Kollektion rund um das Thema der Soldaten und Krieger aus mehreren Jahrhunderten aus. Auf 1 500 Quadratmetern kann man hier detailreiches Wissen über die vielen Einzelteile der Rüstungen, die Handwerkskunst, den symbolischen Schmuck, Textilien, Kunst, die Teekultur, den Buddhismus und weitere Traditionen japanischer Kultur erwerben. Dabei helfen interaktive Tafeln. Durch das Museum begleitet ein Fuchs, als *Kitsune* eine Gestaltwandlerin, die der Sage nach mit zunehmender Weisheit immer mehr Schweife erhält. In den Touchscreens taucht sie als Rätselfuchs wieder auf.

Die Ausstellungsstücke stammen aus der späten Kofun- bis zur frühen Meiji-Periode (6.–19. Jahrhundert). Polierte Schwerter, detailreicher Schmuckbesatz, furchterregende bis drollige Symboltiere, groteske Masken. Japanische Holzschnitte, die die Ausrüstungen und Techniken überliefern. Hinter Glas und schön beleuchtet wirken all diese Kampfmittel schmuck und friedlich. Zu den Vitrinen gehören auch lebensgroße Screens, die die Ausrüstungen in Aktion zeigen.

Zum Leben erweckt wird die Historie ferner durch holographische Installationen im Museum: Im Obergeschoss findet eine immerwährende Teezeremonie statt, im Erdgeschoss wird ein nach historischem Vorbild in Japan gefertigtes Teehaus mit Theater- und Trommelaufführungen bespielt – ebenfalls durch holografisches Personal.

Jüngere Besucher können erkennen, dass viele Gestalten, die sie aus heutigen popkulturellen Zusammenhängen kennen, ihren Ursprung in der japanischen Geschichte haben. Besonders deutlich wird das durch ein interaktives Spiel im Kinoformat. Zeitaktuelle künstlerische Positionen, die mit der Sammlung korrespondieren, werden ebenfalls in Sonderausstellungen gezeigt.

Zur Ausstellung gehört eine App, die nach dem Besuch noch einige Tage aufrufbar bleibt.

**Museumsshop**
Mit Museums- und Japan-Souvenirs

**Samurai Museum Berlin**
Auguststr. 68 · Mitte · Tel. (030) 62 97 56 35 · www.samuraimuseum.de · tgl. 11–19 Uhr · barrierefrei · S Oranienburger Straße

Die pittoresken Samurai-Rüstungen lassen einen staunen – hier am Model demonstriert in einer Fotoarbeit der Künstlerin Sylwia Makris

# 110 Werkbundarchiv – Museum der Dinge

## Design und Alltag

Durch das helle Fabrikloft hallt immer wieder derselbe Ausruf der Besucher: „Ach, guck mal, das hatten wir auch!“ Versunken stehen sie vor einer der großen Vitrinen des offenen Schaudepots, in denen die unterschiedlichsten Alltagsgegenstände in sinnreichen Gruppierungen komponiert sind. Von der Kaffeekanne bis zur kompletten „Frankfurter Küche“, vom nüchternen Designerstuhl bis zum Krokodil-Salzstreuer – irgendwo unter den tausenden von Ausstellungsgegenständen findet jeder etwas Vertrautes.

Die Schaukästen sind sortiert nach zeitlichen Bezügen, nach Sammlungen, nach Ähnlichkeiten oder auch einfach nach Farben. Der Gang durch das Museum ist ein Spaziergang für die Augen, für die Erinnerung und durch das ganze Spektrum des deutschen Designs des 20. und 21. Jahrhunderts. Auch Kitsch und schlechter Geschmack werden als Design-Phänomene ernst genommen und, wenn auch augenzwinkernd, mit Hingabe inszeniert.

Das Museum der Dinge stellt die Bestände des Archivs des Deutschen Werkbundes (DWB) aus. Dieser wurde 1907 als Vereinigung von Künstlern, Industriellen und Kulturpolitikern mit dem Ziel gegründet, die ästhetischen Aspekte der industriell entstehenden Produkte und Waren zu diskutieren und zu beeinflussen. Peter Behrens, Egon Eiermann, Walter Gropius oder auch Theodor Heuss waren namhafte Mitglieder der Vereinigung. Im Geiste der Lebensreform-Bewegungen sollte eine modern-sachliche Gestaltung von industriell gefertigten Produkten sowie von Architektur und Lebensraum angestrebt werden. Qualität, Materialgerechtigkeit, Funktionalität und Nachhaltigkeit waren die Leitbegriffe der Bewegung. Davon berichtet die Ausstellung auf spielerische Weise, indem Erhabenes auf Funktionelles oder Hässliches trifft.

Der Sammlungsbestand umfasst etwa 25 000 Objekte. Neben der offenen Präsentation des Depots finden Sonderausstellungen zu einzelnen Aspekten der Designbewegung statt.

Das Werkbundarchiv wird diesen Standort wohl spätestens Ende 2023 verlassen müssen. Sollten Sie dieses Buch erst im Jahr 2027 zur Hand nehmen, dann suchen Sie es bitte in einem der Pavillons auf der Karl-Marx-Allee in Friedrichshain, denn dort soll es hinziehen.

**Werkbundarchiv – Museum der Dinge**
Oranienstr. 25 · Kreuzberg · Tel. (0 30) 92 10 63 11 · www.museumderdinge.de · barrierefrei · Do–Mo 12–19 Uhr · U Kottbusser Tor

Eine Unmenge an Objekten geht in den Vitrinen aufschlussreiche Nachbarschaften ein

# Kinder- und Jugendmuseen

# Alice – Museum für Kinder (FEZ)



## Lernen soll Spaß machen

Im Freizeit- und Erholungszentrum an der Wuhlheide sorgt ein breites Spektrum an Angeboten und Veranstaltungen dafür, dass Kinder sich gut unterhalten und dabei einiges lernen. Teil des FEZ ist auch ein pädagogisch durchdachtes Kindermuseum.

Mit Absicht trägt es den Namen von Lewis Carrolls Hauptfigur: Kindliche Neugier wird gefördert und gesellschaftlich relevante Themen sind für Kinder interessant aufbereitet. Wie funktioniert die Wirtschaft, wie das Arbeitsleben, was war die DDR? Alles darf man anfassen, mitmachen ist erlaubt.

Bis Mitte 2023 ist die Ausstellung „Susi und Wir – Vom Hingucken und Wegschauen“ zum Thema Antisemitismus zu sehen. Die Kinder durchlaufen dabei ein interaktives Stadtpanorama mit lebensgroßen Figurinen und könenn tief in die (wahre) Geschichte eintauchen. Im Gebäude ist auch die Raumfahrt-Erlebniswelt orbitall.

**Alice – Museum für Kinder, FEZ**
Str. zum FEZ 2 · Oberschöneweide · Tel. (030) 53 07 11 81 · https://alice-museum-fuer-kinder.fez-berlin.de · Sa/So/Fei für Familien und Gruppen 12–18 Uhr · Tram bis Freizeit- und Erholungszentrum oder S Wuhlheide

Eintauchen in die Erzählung der Ausstellung wie Alice ins Wunderland – das ist hier Konzept

112

# Jugend Museum Schöneberg

## Lokal handeln, global denken

Das Besondere an der aktuellen Dauerausstellung des Jugend Museums ist, dass sie nicht nur für die Bewohner und Besucher des Stadtteils gemacht wurde, sondern von ihnen – 1 600 junge Leute waren am Projekt „Heimat Berlin" zum Thema Migration und Toleranz beteiligt. Das Ergebnis ist die „Villa Global": 14 Zimmer der Schöneberger Gründerzeitvilla wurden von 15 Personen verschiedener Herkunft eingerichtet.

In seinen Wechselausstellungen greift das Jugendmuseum insbesondere Themen des Zusammenlebens und der Verständigung im Berliner Kontext sowie des demokratischen Handelns auf. In einem fünfjährigen Modellprojekt wurde die Wanderausstellung „All included" zu queerer Sexualität entwickelt, das direkt ins Klassenzimmer kommt.

Das Museum richtet sich an Kinder und Jugendliche ab zehn Jahren. Für Jüngere gibt es im Stadtteil Lichtenrade das Kindermuseum unterm Dach (Steinstraße 41, barrierefrei, Mo–Fr 14–18, Sa/So ab 10 Uhr).

**Jugend Museum Schöneberg**
Hauptstr. 40/42 · Schöneberg · Tel. (0 30) 9 02 77 61 63 · www.jugendmuseum.de · Sa–Do 14–18, Fr 9–14 Uhr · Eintritt frei · U Eisenacher Straße

Tape-Art-Workshop im Jugendmuseum

# Jugend[widerstands]Museum

113

## Dagegen, aber richtig!

Was ist ziviler Widerstand und wann wird er notwendig? Das Jugend[widerstands]museum gehört zur Arbeiterwohlfahrt und befindet sich in der Galiläa-Kirche in Friedrichshain. Eine Dauerausstellung widmet sich dem Widerstand, wie es ihn hier im Stadtteil gab – zur Zeit des Nazi-Regimes und später auch in der DDR-Zeit.

Die Ausstellung „Wartet nicht auf bess're Zeiten!" beispielsweise beleuchtet die DDR-Jugendopposition im ehemaligen Ost-Berliner Bezirk Friedrichshain in den Jahren 1948–1989. Zeitzeugen kommen zu Wort.

Zum größten Teil funktioniert das über Aufsteller und Texttafeln, vieles davon ist auch im Netz sichtbar. Es geht um Menschen, die im Stadtteil gelebt haben, die sich informiert und formiert haben, und die versucht haben, an repressiven Verhältnissen etwas zu ändern.

Kultur am Dorfplatz: freitags und samstags um 20 Uhr finden in der Kirche Konzerte und andere Veranstaltungen statt.

**Jugend[widerstands]Museum**
Rigaer Str. 9/10 · Friedrichshain · Tel. (030) 41 72 86 77 · www.widerstandsmuseum.de · Di–Fr 10–18 Uhr · U Frankfurter Tor

Verschiedene Formen von Jugendkultur und Opposition in der SBZ/DDR ist ein Schwerpunktthema des Jugend[widerstands]museums in der Galiläakirche

# 114 Labyrinth Kindermuseum

## Spiel und Spaß für Eltern und Kinder

Das helle, lichte Loft mit zwei Ebenen – ehemals eine Zündholzfabrik – ist ideal für Drei- bis Zwölfjährige zugeschnitten. Nichts ist hier langweilig, alles bespielbar, und am Ende eines durchtobten Nachmittags hat das Kind nebenbei eine Menge gelernt. Sogar der mitspielende Erwachsene hat neue Erkenntnisse gewonnen – und selbst eine Menge Spaß gehabt!

Die mehrjährigen Wechselausstellungen beschäftigen sich jeweils mit Aspekten der Welt, in der wir leben. Bis zum Sommer 2023 geht es zum Beispiel um Nachhaltigkeit. Anschließend kommt etwas Neues.

Wer eine Pause braucht oder hungrig wird, erholt sich bei Kaffee und Kuchen auf der Pausentreppe und hat dabei den Nachwuchs in Blick- oder Hörweite. Der ist sowieso schon längst wieder in einer der Spielaktionen beschäftigt.

Hausschuhe/Stoppersocken für den Ausstellungsbereich mitbringen!

**Labyrinth Kindermuseum**
Osloer Str. 12 · Wedding · Tel. (0 30) 8 00 93 11 50 · www.labyrinth-kindermuseum.de · Privatbesucher: Do/Fr 13–18, Sa/So 11–18 Uhr, Ferien tgl. geöffnet · eingeschränkt barrierefrei · U Osloer Straße

Die Zusammenhänge unserer Welt als spielerische Herausforderung, hier: Strand aufräumen! Da können die Großen ruhig mitspielen

# MACHmit! Museum

## Klettern, Spielen, Ausprobieren

115

In diesem Haus ist der Name Programm: Es gibt eine ganze Menge zu machen und mitzumachen. Ein historischer Seifenladen, eine richtige Druckerei, ganz zu schweigen von der echten Orgel. Das MACHmit! Museum befindet sich nämlich in einer Kirche! Diese wurde zum Indoor-Abenteuerspielplatz umgebaut und heißt nun Museum, weil es alljährlich auch ein spezielles Ausstellungsthema gibt. Hier gilt: anfassen, mitspielen, ausprobieren und lernen durch eigene Erfahrung. Zur Entspannung kann es für die Kinder anschließend erst einmal das acht Meter hohe Kletterregal hochgehen oder für die Eltern ins Familiencafé. Vielleicht trifft man sich dann im Spiegelkabinett wieder oder beim gemeinsamen Beobachten der Turmfalkenbrut via Nestkamera.

Dazu gibt es ein umfangreiches Veranstaltungsprogramm mit Workshops für Kinder, Angebote für Familien und Eltern und Kinderkino.

**MACHmit! Museum**
Senefelderstr. 5/6 · Prenzlauer Berg · Tel. (0 30) 74 77 82 00 · Do/Fr 14–18 Uhr, Sa/So 10–18 Uhr · www.machmitmuseum.de · U Eberswalder Straße

Man kann sehr viel anfassen und ausprobieren im MACHmit! Museum, aber zwischendurch kann man sich hier auch toll austoben

# Museum digital

Die Berliner Museen kommen gerne auch ins Haus. Zum Vorbereiten, zum Nachgucken oder um Zeitzeuginnen und Zeitzeugen in Ruhe zuhören zu können.

## Staatliche Museen zu Berlin

Kunst- und Kulturschätze der gesamten Menschheitsgeschichte. 270 000 Objekte aus 17 Sammlungen sind online, dazu geführte Touren, 360°-Ausstellungen und mehr.
sammlung.smb.museum

## Google Arts and Culture

Zahlreiche Inhalte der Berliner Museen sind auch auf Google Arts and Culture zu finden, mit Online-Ausstellungen (z. B. das Musikinstrumentenmuseum), Sammlungsbeständen, aber auch mit 360°-Rundgängen, wie wir sie von Streetview kennen – darunter das Naturkundemuseum und das Bode-Museum.
artsandculture.google.com

## Youtube-Kanäle

Einige Empfehlungen

**Berliner Unterwelten**
Einblicke in die Touren
www.youtube.com/@BerlinerUnterwelteneV

**Deutsches Historisches Museum**
Wissenswertes zu Ausstellungen und historischen Themen
www.youtube.com/@dhmchannel

**Deutsches Technikmuseum**
Ausstellungseinblicke, Technisches in Aktion, Mitmachvideos für Kinder
www.youtube.com/@DeutschesTechnikmuseum

**Gedenkstätte Berlin Hohenschönhausen**
Videowalks und Zeitzeugengespräche
www.youtube.com/@StiftungHSH

**Jüdisches Museum Berlin**
Ausstellungsrundgänge, Zeitzeugengespräche und eine Kinderserie
www.youtube.com/@jmberlinTube

**Liebermann Villa**
Einblicke in das Museum und vor allem ein Videoblog des Gärtners
www.youtube.com/@liebermann-villa9786

**Musikinstrumentenmuseum**
Vorführung von Instrumenten
www.youtube.com/@musikinstrumenten-museumbe3460

**Staatliche Museen zu Berlin**
Hintergrundinfos, Lieblingsstücke, Ausstellungsrundgänge u. v. m.
www.youtube.com/@smb

## Liebe Leserinnen und Leser,

alle Angaben in diesem Museumsführer sind gewissenhaft geprüft. Trotz gründlicher Recherche unserer Autoren/innen können sich manchmal Fehler einschleichen. Wir bitten um Verständnis, dass der Verlag dafür keine Haftung übernehmen kann. Über Hinweise, Berichtigungen und Ergänzungsvorschläge freuen wir uns jederzeit.

via reise verlag
Lehderstraße 16–19
13086 Berlin
post@viareise.de
www.viareise.de


1. Auflage, Berlin 2023

ISBN 978-3-949138-21-8

**Text & Recherche:** Julia Brodauf

**Redaktion:** Nelly Möller

**Herstellung & Gestaltung:** Annelie Krupicka

**Kartografie:** Carlos Borrell, Berlin

**Druck:** Druckerei Sportflieger, Berlin

FSC www.fsc.org MIX Papier aus verantwortungsvollen Quellen FSC® C104586

**Umschlagfoto vorne**
James Simon Galerie (spuno/Stock.adobe.com)

**Umschlagfoto hinten**
Futurium (David von Becker)

**Umschlagfoto Klappe vorn**
Berlin Global (Stadtmuseum Berlin, A. Preussel)

**Fotos Innenteil**
AdK, Berlin © A. Süß 25; AdK, Berlin © E.-J. Ouwerkerke 30; AlliiertenMuseum/Chodan 63; Andreas Praefcke/Musikinstrumentenmuseum/CC BY 3.0 53; Andreas Schoelzel 74; Anti-Kriegs-Museum 141; AG Berliner U-Bahn e.V. 109; Bauhaus-Archiv, W. Huthmacher 26; BMM 2007, Th. Bruns, Berlin 118; Berlin Story Bunker 65; Berliner Unterwelten e.V./H. Happel 66/67; Boros Collection, Berlin © NOSHE 29; Bud Spencer Museum Berlin 144; Christiane Patić 111; Claudio Divizia/Shutterstock.com 43; COLD WAR MUSEUM Berlin 68; Computerspielemuseum, Ph. Kuelker 112; David von Becker 115; DDR Museum, Berlin 69; Dtsch. Blinden-Museum 142; Dtsch. Spionagemuseum 101; DFM Berlin 2021, 145; © Entwurf: Arbeitsgemeinschaft Chezweitz GmbH/Hella Rolfes Archichtekten BDA 83; flashpics/stock.adobe.com 19; Franz Gerhard/stock.adobe.com 17; Franziska Schoenberner 143; Friedhelm Hoffmann 133; FotolionGmbh 146; Gedenkst. B.-Hohenschönhausen, D. Vogel 76; Gedenkst. Deutscher Widerstand/G. Engels 78; Georg Kolbe Museum 39; GHWK Berlin, Th. Bruns 80; golovianko/stock.adobe.com 116; Gregor Zielke 64; Hanna Seibel 33; Harry Weber 75; Haus d. Papiers 44; Heinz-J. Theis 148; Ilkan KIR 160; Illuseum Berlin 117; Institut f. Plastination e.K. 139; Jammin-Photostudio & Gallery 134; Jugend[widerstands]museum 161; Julia Brodauf 5; Käthe-Kollwitz-Museum Berlin 45; Kienzle u. Oberhammer 81; K. Scheddel 9, 20/21, 98/99, 128; Konrad Langer 27; Kukharchuk Pasha/Shutterstock.com 95; Kulturprojekte Berlin, S. Horovitz 4; Magicum Berlin, M. Asche 150; M. Stefanowski / Deutsche Kinemathek 36; Marko Priske 92/93; Martin Adam, Berlin 31; MBOW 88; MHM Gatow 119; Mitte Museum 132; Mo Photography Berlin/Shutterstock.com 51, 58; Müller/Stiftung Topographie d. Terrors 106/107; Museen Tempelhof-Schöneberg 7; Museum B.-Karlshorst, H. Schnitger 86; Museum B.-Karlshorst, Th. Bruns 87; Museum Pankow©E. Müller 136, 137; Museumsstiftung Post u. Telekommunikation, J. Sonata 121; Museen Treptow-Köpenick 79; Nationalgalerie – SMB/D. von Becker 38; Nick Ash 32; N. Kramer für Stiftung Berliner Leben 60; N. Schropp, FHXB Museum 127; Patricia Parinejad 59; Patricia Schichl 135; Polizeihist. Samml. Berlin 151; Puppentheater-Museum Berlin 152; R. Schmuck für Labyrinth Kindermuseum 162; Robert M. 100; Rolf Krahl/Schloss Köpenick/CC BY 4.0 47; Roman März 28; Samurai Museum Berlin, Sylwia Makris 155; SDTB/C. Musiol 124; SDTB/C. Kirchner 125; SFVV, Th. Bruns 72, 73; Sebastian Rieger 163; Sergey_Kohl/Shutterstock.com 97; sevens[+]maltry, Potsdam 49; Sportmuseum Berlin 153; SMB/David von Becker 10/11, 13, 15, 52, 56/57 SMB/Stiftung Humboldt Forum im Berliner Schloss/A. Schippel 23;SMB/A. Kleuker 46; SMB/M. Meisse 48; SMB/St. Müller 55; Stadtmuseum Berlin, F. Hirschmann 131; Stadtmuseum Berlin, M. Setzpfandt 91, 129, 139; Stadtmuseum Berlin, S. Weller 35; Stasimuseum/J. Steer 102, 103; Stefan Ostermeyer 159; Steffen Geyer 147; Stiftung Berliner Mauer, G. Simons 77; Stiftung Haus der Geschichte/Chr. Petras 90, 105; Swen 113; The Wall Museum 104; ThiagoFigueredo/Shutterstock.com 85; Thomas Rosenthal 123; U. Kretscher/Korea Verband 89; Ulrich Lindert 114; Vlad Korneev 34; Verena Brand 37; vvoe/stock.adobe.com 40/41; Werkbundarchiv – Museum der Dinge 157; Zille-Museum Berlin 61; Zitadelle - FB Kultur 138;

**Fotos Kapitelvorseiten**
Seite 8: Event zur Langen Nacht der Museen 2022 vorm Alten Museum/Kulturprojekte Berlin, Christian Kielmann
Seite 24: Urban Nation/Nika Kramer für Stiftung Berliner Leben;
Seite 62: Gedenkstätte Berliner Mauer, Ausstellungsansicht/Stiftung Berliner Mauer, G. Simons;
Seite 108: Futurium/David von Becker;
Seite 126: Knoblauchhaus/Stadtmuseum Berlin, Fiona Hirschmann;
Seite 140: Hanfmuseum/Steffen Geyer;
Seite 158: Projekt „Villa Global" im Jugendmuseum Schöneberg/Museen Tempelhof-Schöneberg

# Register

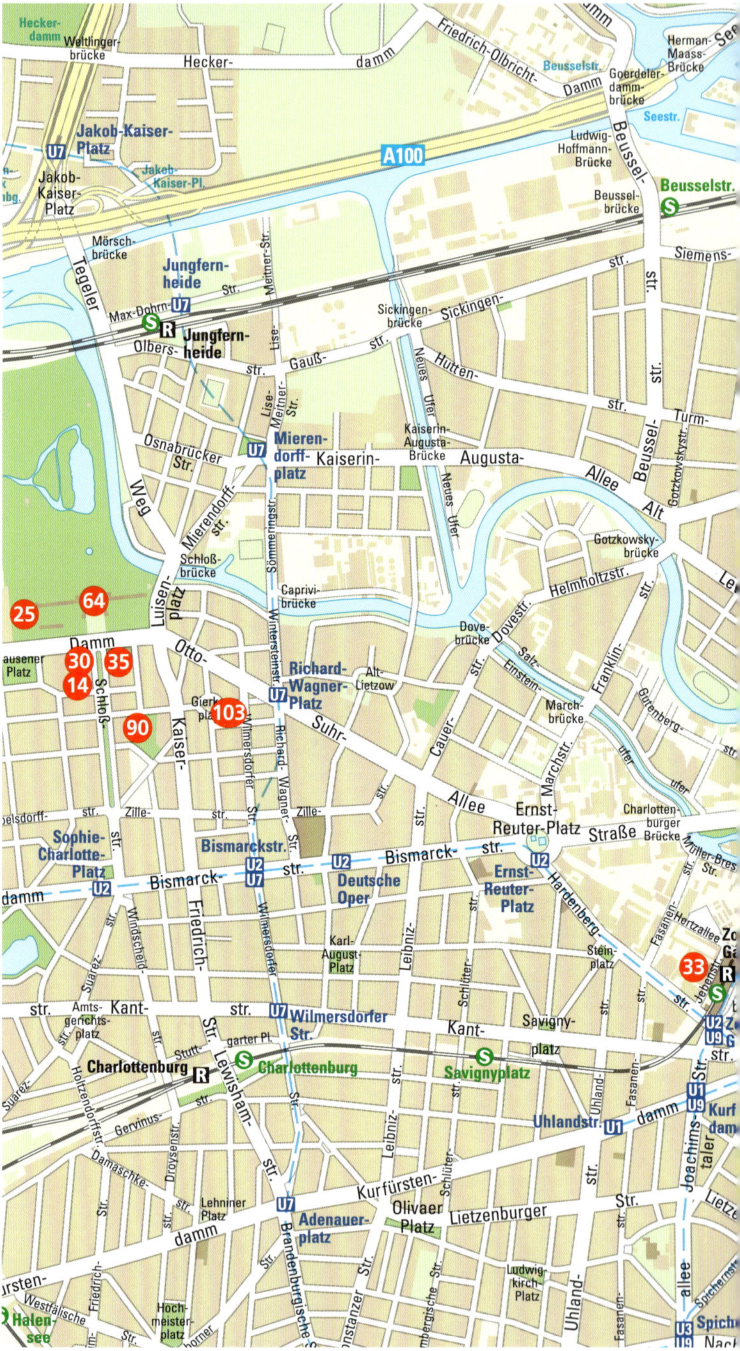
Hecker-damm
Weltlinger-brücke
Hecker-damm
Friedrich-Olbricht-Damm
Beusselstr.
Herman-Maass-Brücke
Goerdeler-damm-brücke
Seestr.
Jakob-Kaiser-Platz
Jakob-Kaiser-Pl.
A100
Ludwig-Hoffmann-Brücke
Beusselstr.
Beussel-brücke
Mörsch-brücke
Jungfern-heide
Meitner-Str.
Siemens-str.
Tegeler Weg
Max-Dohrn-Str.
Jungfern-heide
Sickingen-brücke
Sickingen-str.
Olbers-str.
Gauß-str.
Lise-Meitner-Str.
Hutten-str.
Neues Ufer
Beussel-str.
Turm-
Osnabrücker Str.
Mieren-dorff-platz
Kaiserin-Augusta-Allee
Kaiserin-Augusta-Brücke
Gotzkowskystr.
Alt-
Mierendorff-str.
Sömmeringstr.
Gotzkowsky-brücke
Schloß-brücke
Helmholtzstr.
Caprivi-brücke
Luisen-platz
Dove-brücke
Dovestr.
Damm
Otto-
Salz-
Einstein-ufer
Franklin-str.
25
64
30
35
14
90
103
Schloß-str.
Gierke-platz
Kaiser-Friedrich-Str.
Wilmersdorfer Str.
Richard-Wagner-Str.
Wintersteinstr.
Richard-Wagner-Platz
Alt-Lietzow
Suhr-
March-brücke
Guttenberg-str.
Cauer-str.
Marchstr.
Allee
Ernst-Reuter-Platz
Straße
Charlotten-burger Brücke
Müller-Breslau-Str.
Zille-str.
Sophie-Charlotte-Platz
Bismarckstr.
Bismarck-str.
Deutsche Oper
Ernst-Reuter-Platz
Hardenberg-str.
Hertzallee
damm
Windscheid-str.
Suarez-str.
Karl-August-Platz
Leibniz-str.
Schlüter-str.
Stein-platz
Fasanen-str.
33
Jebensstr.
Kant-str.
Amts-gerichts-platz
Wilmersdorfer Str.
Savigny-platz
Stuttgarter Pl.
Charlottenburg
Charlottenburg
Savignyplatz
Holtzendorffstr.
Lewisham-str.
Uhland-str.
Uhlandstr.
Kurfürstendamm
Gervinus-str.
Damaschke-str.
Droysenstr.
Lehniner Platz
Kurfürsten-damm
Olivaer Platz
Lietzenburger Str.
Joachimstaler Str.
Adenauer-platz
Brandenburgische Str.
Ludwig-kirch-Platz
Friedrich-
Westfälische Str.
Halensee
Hoch-meister-platz
U7
U2
U9
U1
U3
A100